陪伴的力量

苑妈妈养育手记

周红君 / 著

时代出版传媒股份有限公司
安徽文艺出版社

图书在版编目（CIP）数据

陪伴的力量：苑妈妈养育手记 / 周红君著. — 合肥：安徽文艺出版社，2023.2
ISBN 978-7-5396-7512-1

Ⅰ.①陪… Ⅱ.①周… Ⅲ.①家庭教育－文集 Ⅳ.①G78-53

中国版本图书馆CIP数据核字(2022)第148656号

PEIBAN DE LILIANG YUAN MAMA YANGYU SHOUJI

陪伴的力量：苑妈妈养育手记

周红君 著

出 版 人：姚 巍
责任编辑：胡 莉 李 芳
装帧设计：WONDERLAND Book design 仙境 周艳芳

··

出版发行：安徽文艺出版社 www.awpub.com
地 址：合肥市翡翠路1118号 邮政编码：230071
营 销 部：(0551)63533889
印 制：湖南天闻新华印务有限公司 电话：(0731)88387856

··

开本：150 mm×210 mm 1/32 印张：8 字数：176千字
版次：2023年2月第1版
印次：2023年2月第1次印刷
定价：45.00元

··

目录 CONTENTS

第一部分　孩子的成长

第二部分　母子的拼搏

第三部分　母亲的心态

第四部分　附录

1

第一部分
孩子的成长

一、和谐美好的家庭氛围是孩子身心健康的保障

一个人的成长离不开家庭氛围的影响，良好的家庭关系会让孩子像沐浴在阳光里一样，健康地成长。

我从小生活在农村，记忆中的庭院宽敞且人情味十足，几大家子十多口人都生活在一起。大人们出来进去地为生活忙碌，孩子们无拘无束地在前屋后院乱跑。每到节日，村前村后的表亲再聚到一起，几十口人吵吵嚷嚷，那真叫热闹。

我特别喜欢这种欢悦的氛围，一大家子人温暖有爱、和乐美满。沉浸在这样的家庭氛围中，每个人都会感到生活的烟火气，还有最真实的幸福感。

后来，我搬到城市里生活，我的父母在大型国企上班，收入相对较高，因此我从小没有感到过什么生活压力，就这样在舒适的家庭环境中成长起来。

可我爱人家里的条件不理想——狭小的房子，简单的家具陈设，明显较低的生活水准。但好在他们家的家庭氛围我非常喜欢。

他的父母和蔼可亲，且都为人宽厚，他的哥哥、姐姐淳厚善良，他家里虽然生活简朴但很舒适。我们和公公婆婆共处了三年，从未为什么

事争吵脸红过。

每天早晨，我都是尽量把孩子收拾好，然后交给公婆，再匆匆忙忙奔向单位。下了班，我就赶紧往家里赶，好尽快给看了一天孩子的公婆减轻负担。而公公婆婆也是每天尽职尽责地照顾他们俩，用老人的话说就是："你们工作辛苦，我们能多帮你们一把就多帮一把。"

我们这一大家子每天忙得就像打仗一样。那时候工作紧张忙碌，再加上两个孩子的到来，给原本不算轻松的生活又增加了很大的压力。随着孩子一天天长大，我们六口人居住的50多平方米的房间，越来越显得局促。单位的领导是个暖心的大姐姐，她把自己腾出来的房子免费让我们居住，这在当时也帮我们省去一笔不小的开支呢。

第一次带孩子见到我的领导时，我跟孩子介绍说："这就是借给咱们房子住的靳姨，她是房子的主人。"

孩子从此只要一提起那段时间，一提到我的领导，都会问一句："是那个借给咱们房子住的靳姨吗？"

他们幼小的心灵已经感受到了家庭以外的关爱，感受到了这个世界的善良，也从小就懂得了感恩。

孩子三岁那年，我们买了当时第一批商品房。

买房的钱小部分是我们的积蓄，大部分都是从娘家和朋友处借的。我记得当时把借来的钱和手头的钱加在一起，仍旧差150元，不够交房款，我急得直掉眼泪。

等房子拿到手，我和爱人拿着我妈妈给的几千元装修款，一点一点地计算着花销，为了省钱，我们俩自己动手粉刷房屋。

当时是夏季，我们俩拿着壁纸刀，一点一点地清除地上的油漆点儿，当我的汗滴答滴答地落在地上时，我抬头望向孩子的爸爸，看到的是他光着的膀子上也挂满汗，他的脸上也满是汗珠，却傻傻地、幸福地冲我笑着，那个幸福的笑容深深地刻在我的记忆中。

有苦一起吃，有难一起扛，从组建家庭至今，我和爱人一直都是这样恩爱，这么互相扶持走过来的。

爱是伟大的力量，爱可以使人拥有穿越苦难的能力。

我想，这是我在生活中一直努力去感受的，也是我在教育儿子们时一直灌输给他们的。所以儿子们从很小的时候，就能感受到爱的温暖，这种温暖的爱的沐浴，无疑让他们的成长变得美好起来。

后来，我们搬进了这个属于我们四口人的新家。看到孩子们在屋子里欢呼雀跃时，我就想，真正独立的家庭生活开始了。虽然前方并不都是鲜花和阳光，但是我和孩子的爸爸会携起手来，用我们的爱去营造一个温馨的小家，让两个孩子在这个充满爱的家庭环境中，身心健康，愉快地成长。

与公婆分开生活后，我们面临的最大问题就是还款。虽然我的妈妈说欠她的钱不用还了，但那毕竟是老人一辈子的积蓄啊。还有朋友的钱，也必须尽早还。为此，孩子的爸爸跟朋友学着做起了生意，摆地摊卖磁带、录像带，节假日就去天津批发一大袋子东西回来，晚上吃完饭就去路边叫卖。再后来，他又跟别人学着做起了啤酒生意。炎炎夏日，别人都在家里乘凉，他却奔走在饭店之间，一个人将八十斤重的鲜啤酒桶搬上搬下。

有一天，我爱人送完酒回来，坐在茶几前吃着我给他留的饭菜。子文跑到茶几旁去捡玩具，突然他站在爸爸身后说："爸爸脖子坏了。"我赶紧过去一看，原来是由于暴晒，爱人的脖子受伤了，黑黑红红的脖颈上，白皮斑驳脱落，露出鲜嫩的皮肤。子文朝手心吹了一口气，然后用小手轻轻地、轻轻地抚摸了一下爸爸的脖子，稚嫩地问："爸爸，还疼吗？"

"不疼，爸爸挣钱，好给儿子们买新玩具啊。"我爱人笑着把子文抱在怀里。

子豪也停止了跑动，认真地伸头看了看爸爸的脖子，乖乖地蹲在爸爸身边："爸爸，我不要新玩具了。"

"我也不要了。"怀里的子文也抚着爸爸的脸说。

"没事，爸爸是男子汉，就要让你们和妈妈过上好生活，这是爸爸的责任啊！"他爽朗地笑着，把子豪也搂到怀中，"你们快快长大，做一个对社会有用的人，将来我和妈妈老了，你们再照顾我们。"

孩子们像是听懂了一样，认真地点了点头。我觉得有种爱的力量，在我们家里涌动。

所以，子文、子豪从很小的时候就很懂事，不哭不闹，还愿意帮助我们分担家务。

很多人说，我们家孩子是"天生懂事"，我不这样认为。在"懂事"这件事上，没有基因一说。他们之所以会体谅父母，是因为我们以身作则，把一家人之间的互相体谅展现了出来。

他们之所以会心疼父母，是因为我们言传身教，让他们看到我们对他们的疼爱。

我和爱人常常回忆我们的育儿经验，怎么把两个淘气的小男孩培养成懂事的大男人，重要的一点就是"以身作则"和"言传身教"。

家长是孩子最好的老师，你想让孩子成为什么样的人，首先得让自己成为那样的人。

家长做不好，孩子受影响。

因此，爸爸的坚强和责任感，自然而然地就传给了小时候的子文、子豪，这才有了后来不怕困难、不怕吃苦、追求梦想的他们。

一个家庭如果一天到晚吵闹不休、怨天尤人，孩子也会焦躁不安。

和谐的家庭氛围，才会让孩子轻松愉悦。

我印象非常深刻，"孔融让梨"这种事，在我们家是家常便饭。

孩子爸爸总会提前起身说吃饱了，我也总会把有营养的蛋、肉、蔬菜留给孩子们。孩子们不是没有心眼儿的，他们注意和观察到了，就会在日后故意提前把饭菜夹给我和爱人，叮嘱我们不要只吃米饭，要多吃菜。

那一刻我懂得了一个道理，我们的每一点付出，都会被孩子看在眼里，我们家长有什么样的品行，孩子就会变成什么样的人。

所以，恩爱吧，互让吧，尊重吧，理解吧，给孩子示范吧，我们才是孩子的启蒙老师。

两个孩子的懂事，还有一个小故事可以体现。

那时候，我们虽然有债务在身，家里条件很艰苦，抚养两个孩子的成本和压力比较大，但是我从未让孩子有过自卑和窘迫感，更不让孩子过早地感受到我们生活的压力，在他们小小的世界里，感受到的只有生活的美好。

可有一次，我带他们在公园玩，一个看起来家境很好的小朋友，手里拿着一根梦龙雪糕，在旁边的座椅上吃得津津有味。小孩子嘛，看到别的孩子羡慕地盯着自己，就会更加骄傲。儿子看了看他那骄傲的样子，不屑地把眼光投向了远方。

我觉察到了儿子这个细微的举动，突然回忆起前两天开家长会，老师说有一个兴趣班，问谁愿意参加，当时儿子们看了我一眼，我用眼神征询他们的意见，他们先是犹豫了一会儿，随即又摇了一下头，最后干脆就把眼帘垂下了。

莫不是孩子们本不是不想参加兴趣班？他们是怕给家里增加负担？

回想到此，我赶紧将他们俩招呼到身边问道："儿子，想吃梦龙吗？"

"妈妈，我不吃。"他们俩都非常懂事地摇摇头。

我把他们俩搂在怀里，认真地和他们俩交流："如果你们想吃，就如实地告诉妈妈，妈妈可以给你们买，咱家虽然不是很富有，但是你们想要的东西，只要合理，妈妈是可以满足你们的。"

"可是，爸爸挣钱很辛苦。"他们迟疑地说。

"听着，孩子们，哪家的家长都会为了生活努力地工作和付出，为的就是家人的幸福和快乐。我们是幸福的一家人，你们快乐，爸爸妈妈会更快乐。没必要去羡慕别人，你们要坚信，别的孩子有的，你们也有。"我认真地跟他们俩说。

当看到他们眼中闪现坚信的光芒时，我放心地笑了，然后拉起他们俩的小手，打趣地说道："不过，今天妈妈给你们买梦龙，你们回家要帮妈妈做一件好事。"

"好啊，好啊，我帮妈妈洗碗。"子文高高地举起了一只小手。

"那我帮妈妈擦桌子。"子豪也高高地举起了一只小手。

"好，走，买冰棍儿去喽。"我们三人愉快地向冷饮摊走去。

别小看这一根小小的冰棍儿，它给孩子们带来的却是满满的幸福感和自信心，因为他们知道爸爸妈妈爱他们，愿意把世间美好的东西都给他们，他们感受到了家庭的温暖和力量。

一家人只要在一起，勤劳肯干是可以创造财富的。在这种爱的感召下，孩子们也十分懂得感恩。

父亲节的时候，刚刚会简单制作幻灯片的孩子，偷偷地给爸爸制作了一段作为节日礼物。

里面有"忘不了的瞬间"，有"还记得……"，有"我们的回忆"，等等……当看到孩子们写的"下辈子还当您的儿子"的话语时，我和爱人都流下了感动的泪水。

还有什么比家人之间的相亲相爱更让人温暖的呢？

回想起来，虽然那时候生活略显拮据，但我和爱人在孩子们面前，从未因为经济问题而争执、焦躁或吵闹过，我们更多的是给彼此最大的信任、最强的支撑和最深的关爱，进而将这些爱倾注到家庭之中，给幼小的孩子们一个充满爱的家庭氛围。他们也正是因为在这种无忧无虑的环境下成长，多少年以后，当孩子们了解了当时家里的经济状况时，他们打趣地跟我说："我们一直以为咱家很富有呢。"

轻松和谐的家庭生活给了子文、子豪积极阳光的健康心态，父母对生活品质的追求、对幸福家庭的建设也培养了他们的责任感和担当意识以及乐观的心态，同时也带给了他们强大的自信心。

二、用亲情陪伴式教育来培养孩子的性格

每一个孩子生下来就像一张白纸，而家长与孩子产生的互动，则是画笔在纸张上留下的一点一滴的痕迹，将对孩子的人生起到格外重要的作用。

当我第一次面对两个小家伙的时候，我也曾无数次天马行空地想象过他们长大后的形象，是高大英俊，意气风发，温文尔雅，或是顶天立地？

总之，家长对孩子都有很高的期待，希望把他们培养成自己心目中理想的样子。

但其实没有一个孩子会完完全全按照大人的设想成长，孩子不是雕塑，比培养更重要的是陪伴。在亲情的陪伴下，孩子才能具备阳光、善良、坚毅等优秀的品格，才能拥有美好灿烂的人生。

那时，我的两个孩子出生后，单位同事曾跟我说："咱单位上班这么紧张，你自己再带两个孩子，肯定吃不消的，不如把孩子放姥姥家一个、奶奶家一个，这样你两边轮着住，晚上就带一个会好很多的。"

可是我想，有哪个孩子不希望每天都守在父母的身边，享受父爱和

母爱，体会完整的家庭带来的快乐呢？如果让孩子从小就缺失了父母的关爱，缺失亲情带来的温暖，孩子就会缺少安全感，缺乏自信，缺乏爱的能力。

所以明知带双胞胎的劳动强度要比带一个孩子重一倍，我仍坚持自己带两个。那时候，家里只有一张大床，为了方便照顾他们，我就让他们俩并排且和我垂直地睡在我的一侧，这样无论他们其中哪一个出状况了，我都能立刻坐起身去处理。

因为没有母乳，我要每4小时给他们喂一次牛奶，两次喂牛奶中间还要喂一次水。为了避免弄错，每次给哪个孩子喂奶了，给哪个孩子喂水了，我都要用笔记本清楚地记录下来。那时候由于睡眠严重不足，好多次在第二天看记录时，我自己都不知道写的是什么，一看就是在困得不行的情况下写的"天书"。

有一次，半夜有个孩子哭了，我马上坐起来，去轻拍那个哭闹的孩子。可是拍了半天，孩子还是哭，我再仔细一看，拍的竟是熟睡的孩子，而那个哭闹的孩子仍在边上哭闹不止呢。我赶紧过去，抱着他拍了一会儿，哭闹的孩子才安静了下来，进入睡眠。

每天上班前，我都会亲亲两个孩子的小脸蛋儿，跟他们说："妈妈去上班喽，乖乖听爷爷奶奶的话啊。"我每次下班回家，从老人的手中接过孩子，都会带他们出去玩一会儿，多去呼吸室外的空气，多去院内跑动，多和小朋友们接触。

每天睡觉前，我会躺在他们俩的中间，给他们讲各种故事哄他们入睡，讲得最多的是小红帽和大灰狼的故事以及大熊和小熊的故事。他们每次都是伸出小手，抚摸着我的脸，听着故事睡着。虽然我总讲给他们听，但有的时候在困极了的状态下，会把故事弄串了。

记得有一次本应该讲小红帽碰到了大灰狼，但是在迷糊的状态下，我讲成了碰到了大棕熊，孩子就会纠正我："妈妈，妈妈，是碰到了大灰狼。"

我惊醒，说道："对，是大灰狼……大灰狼掉到了树洞里……"我又迷糊了。

"妈妈，不对，大灰狼躲到了树后面。"孩子又纠正。但是困意严重影响着我，我终究还是闭上眼睛睡了过去。

当我再次醒来时，看到自己独自睡在孩子的屋里，身旁空无一人。孩子们呢？我猛地惊醒，慌乱地跳下床，打开房门，看到自己的房间有光亮，就连忙推开——孩子们的爸爸正侧躺在孩子们的身旁，伸出手指放在唇前，冲我做着"嘘"的手势，两个孩子则安静地睡在我们的床上。见我进来，他轻轻地挪下床，搂着我的肩膀出来，轻轻地关上卧室的门。

"你累坏了吧，我回来的时候，孩子们正守在你的身边，替你扇着扇子。"爱人心疼地握着我的手说，"他们说妈妈困了，让妈妈多睡会儿，他们等爸爸回来。"

当时我的眼泪唰地就流下来了。还有什么比这更暖心的呢？有这么善良懂事的孩子，我的辛苦没有白费，所有的付出都是值得的。

所以说，亲情真的在孩子性格的养成中起着举足轻重的作用，它能让孩子在不知不觉中学会善良，学会关爱，学会担当。

但是，伴随着孩子的成长，他们性格中与生俱来的优缺点也会自然而然地显现出来。

像子文、子豪，在很小的时候，他们有些胆怯、羞涩，遇到陌生人总是往我身后躲。这时候，我们家长就要多带他们外出，让他们更多地与人接触。

在这一过程中，多给他们一些身体的拥抱和话语的鼓励，让他们时刻体会到有一种温暖的力量，这样就会增加他们的自信，让他们逐渐形成开朗阳光的性格。

比如碰到他们陌生的阿姨，我会先蹲下身，将他们揽在怀里，然后指着阿姨告诉他们："这个是妈妈的好朋友。叫阿姨！"有了妈妈怀抱的有力支撑，孩子变得自信多了。

再比如孩子跌倒了，除了觉得很疼，他会很难为情地往家长身上蹭。这时候我就抱住他，轻拍着他的背部对他说："瞧，我们的男子汉才不会怕摔跤呢。"然后把他的身体扶正，"摔倒了，再站起来就是了。"这个时候，孩子就不觉得摔倒是一件很难为情的事了。

久而久之，不用妈妈鼓励，他自己就知道，从哪里摔倒，就从哪里爬起来好了。

每个人从小到大都会犯错，都怕遭到家长的责骂，尤其是遇到那些我们成人也会有的失误，比方说丢失东西、损坏物品等。在这个时候，如果一味地责骂或教育孩子，就会在他们幼小的心灵中留下阴影，造成创伤，他们的性格会变得封闭内向，甚至形成叛逆的性格。相反，如果我们用陪伴式的教育方法，和孩子一起经历错误，效果会好很多。

我们家有两个卧室在阳面，其中一个主卧有门直接通向阳台，而孩子们的房间的窗户是通向阳台的，靠着窗户的地方有个电脑桌，蹬到电脑桌上，就可以钻过窗户跳到阳台上。所以他们有时就会从椅子上爬到电脑桌上，再钻过窗户进到阳台，然后再从阳台的门进到我们的卧室，最后跑回他们的卧室，如此反复地折腾，乐此不疲。

这时，如果我在厨房做饭，也会经常吼他们几句，但根本阻止不了小孩子打闹的天性。

有一次我正做着饭，就看到子豪把厨房的门推开，用畏惧的眼神看着我说："妈妈，哥哥把桌子弄坏了。"

我擦了擦手，走出厨房，看到子文正站在门外，不服气地辩解："不是我弄的。"

我走到孩子们的卧室，看到电脑桌上的支架已经散落在地上，一看就是他们钻窗户时损坏的。

"谁干的坏事？"我问。

"不是我干的。"他们俩几乎异口同声地说。

我觉得，东西损坏了不重要，但是敢作不敢当，互相推诿，这可是个严重的问题。于是，我严肃地对他们说："做错事没关系，妈妈有时候也会做错事，你看，上个礼拜我因为加班，食言了，没有带你们出去，我还向你们道歉了。你们做错了，也要勇于承认并改正，这才是好样的。现在，你们告诉妈妈，这桌子到底是谁弄坏的？"

这时候子文看了弟弟一眼，抬起头，挺起胸脯，一副果敢的样子跟我说："妈妈，是我弄坏的。"

"是吗？"我有些疑惑地看向子豪。

子豪低着头，小手不停地拽弄着衣角。

我把子文拉到身边，温和地跟他说："文文，敢于担当是对的，你疼爱弟弟也是对的，但是帮弟弟说谎可不对。"

然后我招手把子豪也叫到了身边，语重心长地跟他说："我们每个人都会有犯错误的时候，敢于承认错误的、讲实话的孩子才是好孩子。"

这时，子豪打断了我："妈妈，刚才是我的脚不小心踹到了架子上，是我弄坏的。"子豪眼里含着泪花，坦然真诚地看着我说道。

"我明白了，这件事情的主要责任在子豪，子豪怕妈妈责备，就没有承认；子文护着弟弟，想自己来承担，就说是自己弄坏的。对吗？"我看了看点头认可的两个孩子，接着说道，"这都是非常不对的行为，说谎可不是好孩子，说谎这种错误，坚决不能再犯，如果你们俩能记住并坚决改正，这一次妈妈非但不追究，还可以请你们吃冰激凌！"

子文、子豪看着我，坚定地使劲点了点头："能！妈妈，我们再也不撒谎了。"

从这以后，只要我稍微有疑问，子文、子豪不管是谁，在给了我答案后，都会加一句"妈妈，我没撒谎"，每当这时，我都会伸出大拇指，微笑着给他们一个大大的赞。

一直到现在，孩子们都没有再出现过一次撒谎的行为，他们养成了严谨、有原则的做事风格。

所以说，孩子有错并不可怕，可怕的是家长不会正确地引导孩子改正错误。

其实孩子在成长的过程中，有些关键性的错误，比如说谎，比如偷东西，比如打架、骂人，这些都是要杜绝的错误。否则，孩子就会在错误中形成扭曲的性格，导致失败的人生。

当然，我们也要多观察孩子，一旦发现问题，即便是一些小毛病，都要给孩子指出来，帮助他形成良好的品性。

譬如，小孩子一旦出去玩，往往就像脱缰的野马一样，总是忘记按时回家。虽然我每次都是强调了又强调，和他们约定了又约定，可他们一玩起来，会把和我的约定全丢到脑后。

有一次，我任由他们玩到了天黑，不再像往常那样到楼下到处找他们、喊他们回家。等天色完全黑下来的时候，他们俩悄悄地回来了，用眼角余光偷瞧我的脸色。

我很平静地端起已经凉了的饭菜，边去厨房边对他们说："今天你们又食言了，说到没有做到，这么晚才回家，那么一会儿吃完饭估计就快8点了，咱们就不出去了。"

我家的习惯是，家长做饭的时候，孩子先写作业，写完后到楼下玩一会儿，回来再吃饭，饭后我们一家四口要一起出去走一圈，到广场玩一会儿再回家，然后准备睡觉。

今天因为他们不守时，我取消了陪他们去广场玩的活动。

吃饭的时候，我正色告诫他们："你们这么晚回家，一方面爸爸妈妈会担心；另一方面，不守时的人自律性会很差，将来做不成大事。"

孩子们知道自己错了，下次再下楼玩之前，都会看一下自己的小手表，按时回来，再也不用我去喊他们了。

类似这样的小毛病，你会不会觉得我小题大做了呢？

我觉得，我们自己也是从无知的孩童走到了今天，在孩子成长的过程中，我们需要用我们成人的智慧和成长的经验，多给他们一些陪伴和关注，多一些教育和引导，将那些影响孩子品性的坏毛病，扼杀在萌芽中，这才是对孩子最重要的关爱，也是给孩子最基础的教育。

切记，千万不要认为教育就是给孩子提供富足的生活，也不要认为教育就是将孩子送进高级兴趣班，更不要认为教育是把孩子交给学校和老师。

子文上初中的时候，有一次，正在开会的我接到了他的班主任老师的电话，请我马上到学校去一趟。

难道是孩子惹祸了？带着疑问，我迅速骑上自行车来到了学校。

走到班主任的办公室门前，我就看到了站在门外的子文，他满脸的委屈，用疑惑、恐惧、倔强的复杂眼神望向我。

不等他开口，我直接把孩子抱进了怀里，轻拍着他的脊背，安抚着说："没事儿，孩子，妈妈去跟老师沟通。"

当时子文的眼泪唰地流了下来，他边点头，边跟我承诺着："妈妈，我没有错。"

我抹去孩子的泪水，冲着他轻松地说："快回去上课，这里有妈妈。"

子文感激地握了一下我的手，转身跑回了教室。

虽然我知道这孩子肯定也有问题，但他毕竟是我的孩子，我比其他人更能理解他，也更爱他。

当孩子承受了他所认为的冤屈，他看到的、听到的都是对他的责备和不满，这时家人的爱就是对他最大的支撑。

我带着对孩子的承诺，敲开了班主任的房门。经过跟班主任的沟通，我得知了事情的缘由。

他们班级新分来了一个物理老师，第一次上课，方式方法上没有得到同学们的认可，子文作为班长，在课堂上向老师质疑，惹得物理老师到班主任处哭诉。

班主任老师也承认了代课老师的问题，但是对于子文带头在课堂上给新来的老师难堪，还是给予了批评，并要求子文主动向任课老师道歉。但是子文性格执拗，拒不道歉，班主任没办法，不得不请家长予以协助。

我这是第一次被老师请家长。我首先替孩子向班主任老师道歉，并请她帮忙向那个新任课的老师道歉，其次我也提出了我作为母亲的想法，希望老师们多理解孩子，毕竟这其中也有孩子做得有道理的一部分。

不得不说，我家孩子遇到了一位相当有水平的班主任老师，我非常感谢和敬佩她。我们相约，为了让孩子在中学愉快地完成学业，我们俩共同来化解孩子和任课老师的矛盾，她负责去安抚任课老师，我负责劝导子文。

晚上回到家里，子文一进门就迫不及待地问我："班主任是怎么跟您说的？"

我先肯定了孩子的直率，他能代表全体同学反映心声，这是没问题的；但是同时我也告诉他，当众让新老师很丢面子的做法还是有欠妥当。接着我告诉孩子，遇到这种事情应该怎样去处理才更合适。

孩子在得到认可的前提下，认真地听取了我的意见，边听边点头，最后主动跟我表态："妈妈，我知道我错在哪里了，我会去找老师道歉的。"

一次教育，在理解、关爱、温暖中就这么自然地完成了。

我相信，孩子在这种挫折中，得到的是智慧、理性的磨炼，也会在亲情的陪伴中，铸就正直、阳光的性格。

一味地以家长或老师为大，无论对错，全盘否定孩子，势必影响他对事物的正确理解，让他分不清是非曲直。该我们承担的，我们就要承担，向孩子认错并不是丢人的事；该孩子背负的，他们必须背负，因为他们的路才刚刚开始。

帮助孩子认清方向，才能让孩子养成良好的性格，具备超强的战斗力，在今后的人生道路上披荆斩棘、勇往直前。这才是我们做家长的赠予孩子的让其受用一生的宝贵财富。

所以，我经常反问自己："我有充足的时间陪伴孩子吗？当孩子出现问题，我注意到了吗？注意到的问题，我解决了吗？解决问题的时候给孩子的是亲情吗？"

家长朋友们，当您自问自答完这些问题后，再给孩子报名参加兴趣班和辅导班吧。毕竟，家长才是他们的启蒙老师。

三、理性处理，满足孩子的需求

经常有人问我，教育孩子的时候，怎样算是爱，怎样算是溺爱。

最常见的一个疑问就是：对待孩子提出的要求，家长应该有求必应吗？

对于这个问题，我的答案是：用大人的思维，思考孩子的需求，满足其中合理的部分。

具体来说就是，家长是有理性分析能力的，有丰富的社会经验，并且有是非判断标准。所以在教育方面，我们必须站在大人的角度，用大人成熟、理智、全面的思维，去面对孩子。

但许多家长都容易犯一个错误，那就是把家长的作用夸大，有时甚至完全忽略孩子的意愿。

最简单的表现就是爱替孩子做决定。

孩子想去户外玩耍，家长认为不安全，于是直接剥夺孩子亲近自然的机会；孩子想吃糖，家长认为吃糖对牙齿健康有危害，于是直接不让孩子吃糖；孩子想去好朋友家做客，家长认为这耽误学习，于是直接将孩子"禁足"。这样长此以往，不仅影响了孩子的正常成长，还会破坏家长和孩子之间的亲子关系。

更何况，大家有没有想过，让孩子在户外跑跑，或许会激发他们对大自然的热爱？孩子想吃糖，或许是当天跟小伙伴闹了不愉快，想要一些安慰？让孩子去朋友家做客，或许孩子会找到志同道合、一起进步的伙伴？

所以在做决定的时候，不要一味地站在家长自己的立场上，以个人喜好判断是非，而要换位思考，用大人的思维去思考孩子的立场。

在面对孩子向我提出的需求时，通常我会分析三点：

孩子的心理是什么，是真的需要还是炫耀？满足这个需求对孩子的利弊是什么？不满足这个需求，日后能否补救？

通过这三点分析，面对大多数的"孩子的需求"，家长都可以自然而然地做出决定。

举个例子来说明一下：

子文、子豪小的时候很喜欢小动物，看到别人家的孩子抱着猫、牵着狗的，就特别羡慕，从他们的眼神里，我大概能读懂他们的心思。

可不凑巧的是，我非常怕这些毛茸茸的小动物，所以始终不愿意主动提出来养一只小狗或者小猫。

突然有一天，孩子的爸爸就抱回来一个箱子，招呼着我和孩子们来看看。我以为他买了什么新玩具，就跟孩子们一起凑到箱子前，打开一看，天啊，里面是一只胖嘟嘟的小狗！

孩子们兴奋地拍着手叫好，我虽然也觉得它好可爱，但是恐惧心还是占上风的，连忙和丈夫说："你可真行，谁让你自作主张，把小狗抱到家里来的？"

他讨好地笑着："孩子们一直想养，正好朋友问我要不要，我看挺好看的，就抱回来了。"

"爸爸，爸爸……养着，养着。"两个孩子蹦跳着，拉着爸爸的手，生怕爸爸把小狗送回去。

"不行，妈妈太害怕小狗了，咱们家不能养。"我仍坚持。

这时候，孩子的爸爸搂着我的肩膀，让我坐到旁边的沙发上，看着开心的两个孩子，对我说："你看，孩子们多喜欢啊，你不忍心夺走儿子们的快乐，对吧？"

"可是我怕小狗……"

"哈哈……你还不如个孩子。再说了，孩子们喜欢就让他们来照料它，这样你不接触，自然不会害怕，还可以锻炼咱家儿子的能力，培养他们对小动物的爱心和责任心，多好的一件事。这么小的小家伙，在你身边慢慢长大，我打赌你也会喜欢的！"爱人耐心地做着我的工作。

两个孩子抱着小狗蹲到我身边，哀求着说："妈妈，你就让它留下来吧，我们来照顾它。"

当孩子向我提出这个需求的时候，我仔细思索了一番。首先，孩子们想养小狗，这是他们内心真实的需求，不是虚荣，不是攀比，这个需求提得并不过分；其次，我分析了一下答应孩子需求的利弊：如果我让他们养了小狗，利是培养他们的善良、关爱之心，锻炼他们的责任心，从小狗的成长中，得到满足和自信，而弊是我可能会担惊受怕；最后，我权衡了一下，如果不满足这个需求，日后可能没有机会补救。因为下次遇到这个问题，我还是会不同意。

于是，我答应了。

"和妈妈拉钩，小狗你们要自己养，对它负责，真正关爱它，不可以只有三分钟热度。"

"好啊好啊，谢谢妈妈。"他们俩开心地和我拉了钩，"那我们给小狗起个名字吧！"

经过大家一起商议，"欢逗"成了这个小狗的名字。

接下来的一段日子，我可惨了。一进门，我就要快速躲到床上，看他们和欢逗满屋子乱跑。最可气的是，那个小家伙从开始就好像知道我怕它似的，跟孩子们折腾没一会儿，就会跑到床前冲我嗷嗷叫，我吓得用枕头轰它，它就叫得越发凶。孩子们连忙把它抱走，并拍着它的小脑袋瓜教育它："欢逗，那是妈妈，不许这么没礼貌。"

欢逗在我家养到6个月大时，因缺乏户外运动，导致缺钙，它的后腿有些弯曲。

发现这个问题后，我们召开了一次家庭会议。我和孩子爸爸都坚持要把欢逗送回乡下老家，让它在田野里跑，不要再待在城市的地板上，加剧腿部的弯曲。

孩子们没说话，眼泪滴答滴答往下掉。

我知道他们舍不得，也知道他们一定不想它腿部弯曲的问题越来越严重。欢逗被关在阳台，好像有心灵感应似的，一个劲儿地挠门、叫喊，似乎在说："别送我走。"

最终，不得已，我们把它送到了乡下老家。

后来有一段时间，孩子们总是提议去看它。每次看望的时候，他们别提有多开心了。而每当分别的时候，他们就都会掉眼泪。

我知道，他们对欢逗的感情格外深。

后来，我也问过自己，当初同意留下欢逗，是不是一个正确的选择。直到有一天，我发现孩子们回家晚了，询问后才知道，两个人把自己的零花钱节省下来，去买了火腿肠和矿泉水，喂养小区里的流浪猫、流浪狗。

原来他们把对欢逗的爱，转移到了更多的流浪猫狗身上，变成了更大的爱心，这是多好的一件事啊。

儿子们和我说："虽然舍不得欢逗，但是不能自私地把它留下。让它快乐幸福，也是我们的快乐幸福。"

至此，我为自己的决定骄傲。儿子们因为欢逗的存在，变得更加有爱心，他们不自私，反而会为对方思考，即便对方是一条小狗。这就足够了。

没错，我们做家长的要充分地了解孩子的兴趣和爱好，理解孩子的想法和做法，尊重他们对生活的态度和选择。

在面对他们的需求时，用大人的思维，站在孩子的立场上思考，不可一味地让孩子"活成我们希望的样子"，要让孩子在家庭当中，有自己的表决权和发言权，而不是一味地以父母的喜怒哀乐为出发点和落脚点，这样才能在孩子的心中种下美丽的七色花。

这里还有一个小故事，高中阶段的子文和子豪离开了舒适的家，第一次开始了住校生活。

开学之初，正值夏末，我们帮他们俩整理好宿舍，就已经大汗淋漓了。孩子们让我们放心回家，说他们很期待集体生活，并且会照顾好自己的。

谁知这种新鲜的生活方式没能坚持几天，子文在休息时间打来电话，想让我跟老师说说，给他调换一个宿舍，因为他的宿舍里有两个孩子晚上抽烟，而且总打闹，弄得他休息不好，影响白天上课。

我当时觉得别给学校添麻烦了，别的孩子能住校，他也应该能住，没准儿住一段时间他就习惯了，就搪塞他回头帮他问问，让他等消息。

但是也就半个月，我就在他每天的"妈妈，能换宿舍了吗？"的询问下，硬着头皮问了一下班主任老师。

他的班主任老师给出的答复是学校有规定，新生不能随意调整宿舍，不管什么理由，也要过一段时间再说。

我把学校的意见告诉了子文，子文默默地挂了电话。我以为没有什么大事，结果在第四天，子豪打电话来，让我们有时间去学校见他们一下，说有重要的事商量。

我和他爸爸赶紧开车去了学校，一见他们我都有些傻了。不光是子文，子豪也像变了个人一样，这哪里还是那两个阳光的少年？

他们脸上写满了疲惫，脖颈因用手纸擦汗蹭得满是纸絮，肥大的校服无力地搭在身上，裤腿挽到膝盖，眼神黯淡无光，脸庞明显消瘦了许多，一副颓废的模样。

"怎么回事？你们怎么瘦这么多？"

"妈妈，真的是睡不好。"没等子文说话，子豪就先跟我抱怨，"您不知道，我的宿舍也有个同学可能折腾了，晚上根本不睡觉，还总骂街。"

"宿管老师不管吗？"我问道。

"老师根本就发现不了。"子文一筹莫展地说，"妈妈，我们实在不想住校了，要不您给我们租套房子吧，我们一定好好学习。"

我和他爸爸对视了一下，安慰着他们俩："好吧，我们考虑一下。"

子文抬起头，一口气跟我们发泄着："爸爸妈妈，我们俩真的不适应住宿的生活，每天晚上因为太热而失眠，通常两三点才能睡着，第二天醒来枕巾上都是掉落的头发……"

我打断他的话："可是，其他同学不是都生活得挺好的吗，你们怎么……"

这时候，爱人拍了拍我的肩膀，跟孩子们说道："儿子们，我知道有很多同学在外面租房子，我跟妈妈这就去给你们转转，看看附近有没有出租房子的，别着急啊。"

我疑惑地望向爱人，疑惑他怎么这么轻易就松了口，爱人随即用眼神阻止了我的疑问。

"谢谢爸爸妈妈。"两个孩子眼中立刻焕发了异彩，"那我们上课去了。"

"嗯嗯，等我们的消息吧。"

跟孩子们打完招呼，看着他们轻松地跑进校园，我疑惑地问爱人，为什么要答应孩子们的要求，这是不是有点太惯孩子了。

爱人跟我说："这个问题不是什么本质的问题，在哪儿住不能说明什么，有的孩子能适应校园生活，有的孩子不能适应，不能说住校就是好孩子，不住校就是坏孩子，而我们的孩子，他们恰恰不能很好地适应住校生活，那我们何必强求孩子呢？无非就是租房子增加一些家里的开销而已，没准儿两个孩子在他们喜爱的环境下，倒能激发起学习的积极性呢。"

我一听，觉得爱人说得有道理。

"何况他们俩很胖，170斤，挤在没有空调、电扇的八人一间的小宿舍里，晚上热得睡不着，第二天学习都没有精神，反倒对他们不好。"爱人继续说。

作为家长，我们绝不能拿"别人家的孩子"来要求自己的小孩，这是大忌。每个孩子都有自己的特点，为什么要拿别人的标准来衡量自己的骨肉呢？

永远记住，因材施教，才是正确的教育。

我又想了想养欢逗的事情，拿到这事上分析也是一样的。孩子们和我们提出搬出来住的要求，是为了更好地学习和生活，并不是他们不想过集体生活。

如果硬是不让他们出来，或许他们会因为反感住宿环境而厌恶集体生活，并且影响学习。而让他们搬出来住，只要叮嘱好他们记得多和同学们交流互动，弊端就迎刃而解了。

这么一想，我就同爱人一起去给孩子们看房子了。

没错，两个孩子上高中，开学不到一个月，就被我们从宿舍里接了出来。这个举动看起来"荒谬"极了，身边的亲朋好友都觉得我们太娇惯孩子了。

可不得不说，我们租房子的决定，在子文、子豪的学习生涯中起到了很好的正向激励的作用。虽然只是租了简陋的一室，但环境安静整洁，给了孩子们家一样的感觉，使他们能得到良好的睡眠，每天精神饱满地去努力拼搏。

孩子们虽然不说，但是我能感觉出来，他们对父母满足他们要求的举动是有感激之情的。孩子们觉得我们就像朋友一样，一直为他们考虑。这让他们更愿意努力去学习，并用实际行动告诉我们：爸爸妈妈，你们的支持没有错。

没几个月，高一分文理班时，他们俩的成绩就从入学的一百多名跃居全校前二十名。

高考时，两个人都发挥出色，双双考入北京大学。

除此之外，因为担心他们过于脱离集体生活，我们还经常提醒孩子，要在学校里多交好朋友、真朋友。

在我们的叮嘱下，即便是在高中紧张的学习生活中，他们也交到了很多好朋友。

这个结果不禁让我思考：如果当初没有答应孩子的需求，会是什么样子？他们或许由于睡眠不够，没有十足的精力上课，又或者更糟糕，和寝室里的坏学生混到一起，到头来会是什么结果？结果是不堪设想的。

我们不应该对孩子的需求都冠以一个标签。每个人的适应能力不同、生长环境不同、性格秉性各异，不能用同一个尺度去衡量孩子的诉求。

处理任何事都要具体情况具体分析，对孩子的教育更应该讲究个体差异性。

曾经就有人背地里说过我："别人家孩子都能住宿，怎么她家的孩子就不行？他们太惯孩子了。"

其实真不然，因为此孩子非彼孩子。

作为家长，我们要细心地体会孩子的心理，谨慎地面对孩子的需求，尽量满足他们合情合理的需求。

因为我们的一个小小决定，就可能影响孩子的一生。

四、重视尊重的力量

尊重是一个很平常的话题，我们每个人都知道，做人要懂得彼此尊重。

但在生活中，我们所表现的尊重更多的是体现在对长者、对同龄人的尊重上。对孩子的尊重，家长又能做到多少呢？

我们每个人都是独立的个体，都有独立的思想和意识，都怀着对这个世界独特的感知和认识，都值得被他人尊重。在这点上，孩子也不例外。

人们在说孩子时，常会说："他有他的心眼儿。"

是的，孩子和家长没什么区别。孩子从来到这个世界的那一天起，就在用自己的眼睛看世界，用自己的头脑去分辨是非。

因此，家长必须懂得的一点是：我们和孩子是平等的关系，我们必须尊重孩子。

或许你会问，尊重孩子有什么好处呢？会不会丧失家长的权威，让孩子变得不好管束，得不到正确的教育呢？

这里我想说的是，孩子的成长更多依靠的是他们自身的力量，家长的教育只能起一个指引的作用。

真正优秀的教育，不是"用家长约束孩子"，而是"让孩子约束自己"。

想想这个道理吧，孩子总有一天会离开我们的视野，或许是他们寄宿在学校，或许是他们远赴外地读书，或许是他们出国留学，或许是他们成家立业……

当有一天，孩子离开我们视野的时候，孩子之间的差距，其实是体现在他们的自控力上——那些受家长约束的孩子，会突然懈怠和放任起来；那些受自己约束的孩子，才会有真正的自制力。

因此，关于尊重，我的第一个观点是：尊重孩子，有利于培养孩子对自己负责的责任心，令他们形成真正的自制力。

记得子文、子豪小时候，我特别希望他们琴棋书画样样精通，还想让他们练就一身武艺，有个强健的体魄，再不就是学学街舞，拥有个人才能。可是，当我征求他们俩的意见时，他们俩几乎同时说："什么也不想学，只想和小朋友玩。"

我当时真的很无奈，一方面，我不想他们只知道"没出息"地玩，希望他们学点技能和本领，可另一方面，我也明白好玩是孩子的天性，总不能泯灭孩子的天性吧？

看着他们纯真的模样，我还是耐心地给他们做了工作："儿子，学一两样才艺，也会收获玩的快乐。你们想想，玩吉他是不是很酷？玩水彩笔、画板是不是很有趣？玩棋子是不是也很有意思？"

子豪想了想说："我想学画画。"子文也跟着点了点头。

我当时高兴极了，他们终于选择了一项感兴趣的东西来学习，于是第二天我就给他们报了名。

在绘画的初级阶段——儿童简笔画的学习过程中，子豪的表现非常优异。他的作品经常被展示，还多次获得校级甚至市级的荣誉和奖励。

一个学期之后，老师提出，以他的水平已经不必和同龄的小朋友一起学简笔画了，如果想取得更好的成绩，就要转到素描班去继续学习。

这时候，子豪跟我道出了不想继续学习绘画的想法。我当时问他为什么，子豪说，因为他不喜欢枯燥的素描。

我知道他没说实话，可不管我怎么引导，他都不愿意说出真正的原因。

我不是一个喜欢替孩子做主的家长，我希望孩子是快乐的，所以我不会去逼迫他做不想做的事，同时，我也希望孩子的每一个决定都是他自己做出来的。我们可以给予他们引导、提出建议，但真正拍板的必须是孩子本人。

首先，这是他的权利；其次，就像前面说的，这有利于培养孩子对自己负责的责任心，形成真正的自制力。

一番沟通后，我跟他说："儿子，如果你真的不想学了，妈妈不会强迫你，但你必须要明白一个道理——你所做的每一个决定，都会影响你的一生，你要为自己的决定负责。当有一天你追悔莫及的时候，不要怪妈妈这时候没有逼你一把，你要反省自己，是你决定了自己的一生过成什么样。"

最终，子豪还是选择了放弃。后来他们还因为贪玩，学吉他半途而废，子文学了一半的硬笔书法，也退出了。

这就是子文、子豪没有什么特长的原因。

等他们俩升入中学以后，在学校的新年联欢会上，许多同学纷纷展示自己的才艺，他们俩非常羡慕，回到家也曾小声地和我念叨："妈妈，没有才艺就只能坐在底下，眼巴巴看着那些同学在舞台上发光发亮，真后悔小时候没听您的话。"

每个人心里都有两个自己，一个是理想中优秀的自己，一个是现实中平庸普通的自己。我知道，他们心里那个优秀的自己，正在对抗着现在平庸的自己。

在这时候，我必须站出来给他们上一课。

"儿子，还记得妈妈和你们说的话吗？你们的每一个决定，都将影响你们的一生。你成为什么样的自己，生活就会跟着你变成什么样。如果当初的你们可以坚持下去，或许现在你们就是台上那个弹吉他的男孩、报纸上那个获奖的小画家。"

儿子们听了更难过了。我继续说："这世界上没有后悔药，时间是单程车票，往前看吧，对自己的未来负责，妈妈相信你们会在别的领域有所建树。"

事实证明我的教育没有错，儿子们在特长上吃过亏以后，彻底明白了为自己坚持下去的意义。他们在学习上从没有马虎过，并且自觉性非常高，因为他们已经深刻地体会到，如果现在不持之以恒地好好学习，未来某天就会像当初看联欢会一样懊悔。

所以他们努力，他们勤奋，他们在为自己的人生奋斗和拼搏。还有什么力量，能比这种自律的力量更强大？

当你为了达成别人的要求而做一件事时，通常只能是敷衍完成；而当你为自己完成一件事时，你会用尽全力实现目标。

是的，这正是我教给孩子们的道理：自己的路自己走。父母可以教育和引导孩子，但绝不能"绑架"孩子。而这种尊重孩子的结果，会让他们知道，他们必须为自己而拼尽全力，活得充实漂亮！

尊重孩子，一定要给孩子足够的空间，包括物理空间和思维空间。不入侵孩子的领地，这是我的第二个观点。

每个人都有隐私，都有任何人也无法到达的领地，那块领地只属于他自己，我们不要强行进入，即使是做父母的，也不能私自闯入，否则孩子会想办法逃离我们，会为保护他自己的秘密而撒谎、躲避，甚至反抗，这也就是叛逆的形成。

什么是叛逆呢？叛逆是逆反，是因为先有了一种"压"，才有了想"反"的念头。

我身边有很多家长无法理解他们的孩子会离家出走，每当这时候，我都会问他们一个问题：是不是做家长的抢了孩子的领地，使得他们不得不另寻一块天地？

没错，就像人们常说的一样，手里攥着一把沙子，你攥得越紧，沙子就流失得越快，这道理放在教育上同样适用。

初中的子文、子豪渐渐地有了自己的思想。不知何时，他们的卧室门开始悄悄关闭，和同学打电话的声音变得微小。

一次在帮他们收拾房间时，我发现在一本书里夹着一个心形的折叠物。我打开一看，见上面画着一颗大大的心，被一支箭横穿而过。

一看就是情窦初开的信物啊，这时我才意识到孩子有他的秘密了。

这时候该怎么做呢？是戳穿孩子们的秘密，和他们大吵一架，让他们知道他们的秘密被发现了，还是继续翻孩子们的私人物品，让他们知道他们活在家长的监视之下？

千万不要这样，这样只会让孩子对家长形成"不信任"的想法。下一次再遇到此类事情的时候，孩子更不会和家长分享，甚至还会撒谎，或者想办法把自己的"信物"藏起来。

这不利于情感的维系，也无法施展正常的教育。

于是，我按兵不动地把纸折叠好，放到原来的位置，什么也没说。当时不说不等于不管，管必须要找个合适的时机，让孩子易于接受。

后来有天我和孩子们看电视剧，剧情中有一段是爱情戏，我立刻按下了暂停键。

"儿子们，关于爱情，你们有没有想聊聊的，我们可以开一场生动的探讨大会。"我随即拿出了饮料和他们爱吃的薯片、瓜子等零食。

没错，要主动出击，用孩子们乐于接受的形式，去聊他们不想聊的话题。只有营造出让他们舒适的氛围和环境，才能让他们卸下包袱，敞开心扉。

我发现他们的目光有些躲闪，于是就顺着他们喜欢听的话发问："儿子们这么优秀，肯定有不少女同学欣赏你们，对不对？"

子文脸一红，很快机智地回答我："反正我没有喜欢哪个女生。"然后一扭头，调皮地冲着子豪问，"有喜欢你的女生吧？"

子豪急忙申辩："才没有呢！"

很明显，我猜到那个带箭的心是送给谁的了，但这并不重要："被他人欣赏，说明你很优秀，但现在你们还小，暂时分不清欣赏和爱情之间的界限。"

我接着和他们比喻："米饭需要时间才能蒸熟，果子需要时间才能成熟，小孩子也需要时间才能长成大人。小孩子跟大人不一样，在成为大人之前，孩子是不能做大人要做的事情的，比如谈恋爱。"

儿子们立刻反对："妈妈，为什么我们不一样？"

我没有生气，反而很欢迎孩子们向我提出问题。

"爸爸负责刷家里的马桶，妈妈负责扫地、拖地，这些脏活累活你们要做吗？"

儿子们急忙摇摇头，非常可爱。

"爸爸出去打工，拎那么重的啤酒桶，砸伤了脚趾，你们要去做他做的事情吗？"

儿子们若有所思。

"所以啊，什么年龄做什么年龄该做的事情，如果现在让你们去扛啤酒桶，结果只有一个，那就是压垮你们的小身子。爱情也是一样，现在如果去谈恋爱，错把欣赏当成爱情，也会适得其反，压垮你们的成长。"

儿子们低着头，我知道他们听懂了我的话。

"所以，什么阶段做什么阶段的事情，现在这个阶段，你们的任务是努力吃饭长个子，好好学习长本领，等你们长大了，自然就有足够的能力去扛起'啤酒桶'，做你们想做的任何事情。"

孩子们跟着点头，我想这话是说到他们心里了。而只有把道理说到孩子的心里，才能让他们自发、自觉地做正确的事，不然我们管得了今天，看不住他们的明天，管教也就变成和孩子玩"猫捉老鼠"的游戏，徒劳罢了。

一次教育，就在这么轻松的茶话会中悄然完成了。

小纸条事件里，我既尊重了孩子的隐私权，又将道理默默地灌输给了孩子，让他们在逆反的青春期，对早恋等问题能有一个清晰的认识。

这不同于严令禁止，那种一棒打死、不顾孩子尊严的教育方式，只会激起孩子更强烈的反抗。而当你和他进行朋友般的交流，会得到孩子对你充分的信任，从而更容易接受你的观点和建议。

尊重孩子，不要让他们活成另一个"我们"，让孩子活成自己喜欢的样子，是我的第三个观点。

我经常看到有些家长这样教育孩子：自己当年喜欢踢足球，于是也让孩子成为足球小子；自己觉得艺术特长没未来，于是坚决不让孩子报考艺术院校……

这些做法都是错误的。我们只是比孩子年长二十余岁而已，我们需要做的是和孩子相互学习、共同成长，而不是一味地行使家长特权，管制和强迫孩子，让孩子按照我们家长规划的轨迹去生活。

所以，我们做家长的要放弃高高在上的家长权威，蹲下身来和孩子做朋友，真正地尊重和理解孩子的想法和做法。

因为这是孩子的人生，要让他们自己来做主角，来做最后的决定。这种能力一旦形成，对他们以后的人生会起到很重要的作用。

子文、子豪在学生时期，所做的最重要的一个决定就是文理分科。当时他们俩的各科成绩都很均衡，没有明显的偏科，所以报文科还是报理科，是一件令他们很纠结的事。

当时单位同事和家里的亲朋好友都纷纷出主意，大家一致认为，无论是从将来的就业，还是从未来的发展来讲，哥儿俩学理是最佳选择：理科学校和专业多，理科就业面广，男生学理科有优势……

这是大家的声音，可子文、子豪都想学文科。

我向他们提出了一个折中建议：两个人一人学文，一人学理。

儿子们想了几天，说："我们还是想学文科，学文科更能激发我们的学习热情，更有助于提高成绩，考取理想的大学。"

我又和他们表达了我们作为家长的建议，可这次我得到的是子豪的质疑，他说："是爸妈想学理科，不是我们。考卷是我们答，还是爸妈答呢？是我们最了解自己擅长哪个学科，还是爸妈最了解呢？如果让我们做自己不喜欢的事情，又哪儿来的动力呢？"

在孩子的一连串质问下，我感到了惭愧。我们做家长的都说一切是为了孩子，但当孩子面临他人生的重要抉择时，我们为什么就不能遵从孩子的意愿，尊重他们的想法和喜好？为什么非要在孩子身上打上家长的烙印，按照家长的人生规划去设计孩子的人生？为什么不能让孩子活成他们自己想要的模样？

后来，我决定尊重儿子们的想法，哥儿俩都学文科。

事实证明，尊重孩子的选择是正确的。子文、子豪一到文科班就如虎添翼，从年级排名一百多，冲进了年级的前十名。他们的文科越学越好，这使得他们越来越自信，越来越有雄心和梦想。在高二阶段，他们俩曾八次霸占年级的前两名，最终双双考入北京大学。

后来我和爱人反思这件事，如果当初逼着孩子学了理科，结果会是什么样呢？

没错，如果我们强迫孩子学了他们不想学的理科，一旦学不好，孩子们就很容易认为他们本来就不适合，只是被家长逼迫的，慢慢地可能会破罐破摔。

相反，我们尊重孩子的决定，会让他们更努力去对得起家长的这份尊重与信任，孩子们无疑会抱着一种"我不能辜负爸妈的期待"的思想去努力学习。由此可见，尊重是多么重要啊！

所以，家长朋友们，学会尊重孩子吧，当我们善于利用"尊重"，它的力量也就会随之展现出来。

你定会发现，尊重孩子，才有与孩子交流的可能，尊重才是解决问题的办法。

五、如何让孩子建立自信

我们可以看到，无论是在银幕上还是在生活中，自信的人永远腰杆笔直、目光坚定、有行动力，而不自信的人往往畏手畏脚、眼神犹疑、行动迟缓。

没错，自信与不自信是可以一眼看出来的。正是因为自信与否很容易被辨别，这才让这个显性的问题成为我们在孩子的教育中需要关注的重点。

自信会给人加分，更容易获得他人的信任。不自信会让人错过许多机遇，没有人敢把一项重要工作交给一个不自信的人来做，也没有人愿意和不自信的人共处。

那么，自信是如何形成的呢？又是什么时候形成的呢？

法国作家夏尔·佩潘有一本著作叫作《自信的力量》，这本书在法国非常畅销，是心理学领域的畅销书。在这本书里，作者提出自信的三个来源：

1.自信首先来自对他人的信任；

2.自信来自对自身能力的确定；

3.自信来自对生命和生活的信念。

我个人是很赞同佩潘的这个观点的。试想一下，我们每个人都不是孤立存在的个体，我们活在社会网络中，需要彼此互助、交流、支撑，才能完成社会活动。

既然我们是群体动物，那在做事情的时候，首先就必须信任他人，只有当你信任了他人，才可能获得信心，进而信任自己。否则，不信任他人，只能让自己有更多的紧张情绪和焦虑期待，信心也就无从谈起了。

其次，自信必须来源于能力。

不管是学习还是工作，我们都要有自己的能力，这是我们的核心竞争力，有了核心竞争力，我们才能脱颖而出。有能力的人，到哪儿都是自信的，没能力的人，无论如何都心虚。

最后，自信需要对生活和生命有信念，内心充满阳光、饱含爱意，相信生活的美好，这样才能活成一个有自信的人。我就是一直这样教育子文、子豪的。

那么自信又是从什么时候开始形成的呢？

著名心理学家埃里克森认为，儿童中期（6—12岁）是孩子形成自信的关键时期。

这个时期的孩子对外界事物似懂非懂，对一切的感知都只停留在表象上，他急需面对"是非""对错""好坏"等等问题。

在这时候，自卑与自信会默默较量，家长一定要好好把握住这个时期，正确引导孩子，帮助孩子一步一步地树立起自信心，直至内心强大起来。

那如何让孩子拥有自信呢?

第一,要让孩子明白自己是个普通人。

或许你会问了,让孩子承认自己是普通人,这不是会打击孩子的自信心吗?

其实不会的,如果一个人意识到自己是一个普通人,而非完人,那他才不会轻易被眼前的困难击垮:在面对阻碍的时候,他就不会轻易自弃;面对失败的时候,就不会一味自责;面对挑战的时候,也不会只顾焦虑。

从另一个角度讲,他所取得的每一点小小的进步和成绩,都会让他感到快乐和满足,而这些恰恰是构筑自信的基石。

试想一下,如果一个人自命不凡,当他遇到打击的时候,会是什么结果?我想,恐怕是会陷入崩溃和自我怀疑,这将严重影响他的成长。

所以,亲爱的家长朋友们,一定要让孩子从小就意识到:每个人都不是完人,都会有这样或那样的缺点和不足,只有承认自己只是普通人,勇于面对缺点、直面不足,才会在遇到打击时不至于失衡。

不失衡,才有建立自信的可能。

子文、子豪小时候都很胖,体重一百六七十斤。有一次,子豪放学回到家,把书包扔到沙发上,哭着说:"妈妈,我不想去学校了,同学们都嘲笑我。"

我仔细问了一下缘由,原来是上语文课的时候,老师讲到"豪猪"(一种动物)这个词,同学们立刻哄堂大笑,并把目光全投到了子豪身上。我知道孩子的自尊心受到了伤害,如果不及时调整孩子的心态,肯定会让他觉得抬不起头,从而丧失自信。

于是在周末，我带着孩子们来到动物园，让他们看了各种各样的动物，休息的时候我问他们："说说你们看到的动物的特征吧。"

孩子们抢着一一列举了每个动物的特征。这时我说："看到了吧，动物也是各有各的特点。大象的鼻子最长，像手一样灵活；鱼儿虽然没有鼻子，但它们的嗅觉特别灵敏；长颈鹿脖子长，能够到树上新鲜的食物，但一般的房子装不下它；兔子脖子短，却能住很多漂亮的房子；弱小的蝴蝶会羡慕老虎的威猛，老虎却羡慕蝴蝶可以飞翔。动物们各有各的长处和短处，人也一样啊，每个小朋友都不是一模一样的，或高或矮，或胖或瘦，没有哪种标准是对的，这才构成了大千世界。"

"可是，我和哥哥太胖了。"子豪嘟着嘴小声说。

我笑着抚摸了一下他的头："在我眼里，你们很可爱。如果你们很在意身材这件事，那就加强体育锻炼，改变自己胖的形象啊。"

孩子们似乎茅塞顿开，笑容一下就在脸上绽放了。

没错，要想让孩子改掉不自信的毛病，必须先让他意识到我们每个人都是普通人，都有闪光点，也有不足。只有当我们接纳了不完美的自己，才能以健康的心态去完善自己。

第二，光让孩子接受自己的普通是不够的，要让孩子通过努力使他自己成为不普通的人。

具体方法是，让孩子找出自己的缺点，弥补自己的不足，通过循序渐进去增强他的自信，只要他能一点点弥补自己的不足，就会越来越自信。

比如子文、子豪小时候都有些腼腆，不善于演讲，作为家长，我意识到这点很影响他们未来的发展，毕竟谁都喜欢谈吐大方、表达出色的人，于是我要锻炼他们的演讲能力。

我是这样做的，先让他们增加在我们的四口之家中展示的机会。比如利用睡觉前的时间，让他们讲一段故事或者朗读一首诗，我、孩子爸爸和另外一个孩子做观众，他们俩轮番讲完后，我们都会报以掌声鼓励，然后再提出不足的地方，以便孩子下次改进。

之后每逢周末到老人家里去，我也会创造机会，让他们来一番演说，以此来锻炼他们。这时候，观众就变成了六位，甚至更多（有时候其他亲戚也会在）。

再之后，单位组织活动我也经常带他们参加，有机会就把他们推到前面，让他们给大家讲上一段。在这里，观众是满满一办公室的同事。

渐渐地，他们能自如地在很多人面前发挥。我就开始鼓励他们多参加班级的演讲，进而参加学校的演讲。

当他们一点点突破自己后，自信心就会树立起来。

子文、子豪刚刚小有名气的时候，就能够自信地站在千人的舞台上，这跟小时候的锻炼是分不开的。

所以，当我们发现孩子身上的缺点时，要善于思考，想想如何用循序渐进的方式，让孩子一点点改善。不要急于求成，也不要硬性逼迫，否则只会适得其反。

第三，在孩子努力的过程中，我们父母要永远站在孩子的身旁，支持他，鼓励他，让他在爱的温暖中树立起强大的自信。

我们知道，孩子如我们大人一样都是生活在群体之中，一些先天或后天能力较弱的孩子，会由于自己不如别人，产生强烈的挫败感。

当他想通过自己的努力，把自己变得更强大时，他会有担忧，更会有畏惧，会担心自己做不好，尤其是不但没做好，还更糟糕时，孩子极易对自己产生怀疑。

"我是不是很笨？"

"我又做错了，妈妈又该说我了。"

"我是真的不行啊。"

这时候，如果没有人去鼓励、支持他，就会恶性循环下去，直到他完全失去自信。那么此刻，父母的作用是无人能够替代的。

当我们的孩子想要通过自己的努力去提升自己的时候，我们一定要跟他站在一起，用温暖的话语去鼓励他，给他进步的力量，并告诉他："妈妈永远站在你的身旁，相信你，你一定行。"

子文在初中一年级的时候，在实验班成绩是倒数第三，当他通过一学期的努力，把成绩提高到班级30名的时候，他的班级要竞选班长。

当时子豪是普通班的班长，这对子文的激励很大，可是他想着自己的学习成绩并不理想，能被选上做班长吗？

我看到孩子跃跃欲试的样子，更看到孩子不自信的迟疑，我鼓励子文："子文，妈妈支持你，你的参与已经证明了你的实力。班长的责任不仅体现在自己学习要好，更多的是辅助老师，带领你们整个班级进步。即使这次班长竞选失败了，但是你参与了，经历了，就不后悔，这才是妈妈心目中的男子汉。"

子文带着我的鼓舞，毅然走向了讲台。当他用热情激昂的语言赢得了老师和同学的掌声，赢得了观摩家长们的赞许时，我看到子文投向我的目光中有感动的泪光，有成功的喜悦，更有坚定的自信。

他是在爱的温暖中实现了他强大自我的愿望。

当然，孩子成长的路上并不都是一帆风顺的，当他遇到挫折和打击时，家长更应该给予他的是关心，是体谅，是设身处地的理解，而不是打击、指责和埋怨。

指责和埋怨只会打击孩子的自信，让孩子失去努力的勇气，放弃历练的机会，对自己失去信心。

毕竟，他们在做事情的时候，是想尽力地去把事做好，既然同样是要说教孩子，我们做家长的何不好言好语地去和孩子交流呢？也许你温暖的一句话，能让孩子重燃自信，信心百倍地迎接生活。

子文、子豪在报考高中时，曾经参加过一个国际学校的招生选拔，我以为凭他们的实力，考取重点班应该是没有问题的。

但是两个人都犯了较大的失误，没能被国际学校的重点班录取，当负责招生的校长将他们俩的成绩拿给我时，我有些不敢相信这就是他们俩的考试结果。

重点班是进不了了，普通班倒是没问题。校长可能是看重他们俩初中的成绩，恳请孩子们留下来，先在普通班学习，并承诺如果成绩提上来，一定会把他们转到重点班去。

我什么话都没有说，只是微笑地望向他们，把选择去留的权利交给他们俩。虽然我什么也没有说，但是我望向孩子的目光是肯定的、鼓励的。

我清楚地记得，当我和他们俩一起离开校长办公室的时候，子豪坚定地说："这个学校失去了两个优秀的学生。"

从孩子自信的言语中，我读出了他们奋进的力量，读出了他们要为考上理想大学而努力的决心，那时候我就坚信，这种强大的自信，会推动孩子在高中阶段的学习中，向着更高的目标奋进。

既然自信如此重要，自信又是可以培养的，那么家长朋友们，尽己所能培养孩子的自信心吧。如果孩子身上本身就有耀眼的闪光点，那当然更好，如果他因一时发现不了自己的闪光点而陷入自卑，那么作为家长的你就努力吧，让孩子从意识到自己是普通人开始，耐心引导孩子发现自己的不足，弥补缺点，让他在你伟大的爱的庇护下，拥有自己独特的光辉。

六、发现孩子的长处，做到扬长避短

聪明的父母善于发现孩子的长处，失败的父母总是盯着孩子的短处。

尽管孩子们天资有别，学习事物有快有慢，学习成绩有好有坏，但家长不能仅凭借孩子学习的成绩不够出色，就认为自己的孩子不行，不如别人家的孩子优秀，认定他长大了不会有大出息。

其实每个孩子都是有他的长处和短处的，他们身上都有闪光点，家长就是要善于发现这些闪光的地方，发现自己孩子的与众不同之处，让孩子有信心去发扬自己的优点和长处，从而让孩子树立信心，走向成功。

而事实上，我们大多数父母总是更倾向于看到自己孩子不足的地方，比如，我们经常听到家长这样评价孩子：

"我们家孩子太懒惰了，一点也不勤快。"

"我家孩子很邋遢，性格还很闷，不爱说话。"

"我的孩子学习不好，就不是一块学习的料，太贪玩了，跟别人家的孩子根本比不了。"

"我家孩子很让人操心，淘起来根本管不了，一点也不听话，不体谅父母。"……

这是不对的。如果连父母都不认可自己的孩子，不能包容他们的缺点，那在这个世界上，还有谁会喜欢我们的孩子？

但包容不代表溺爱，不代表全盘接受，包容是指要有包容心和信心，帮助孩子改掉坏习惯，成为好孩子。

具体怎么做呢？最重要的一点就是，不要再提"别人家的孩子"。

为什么要把自己的孩子和别人的孩子做比较呢？有可比性吗？别人的孩子，我们真的全面了解吗？

大多数情况下，我们拿自己的孩子和别人的孩子做比较，看到的都是别人孩子的长处、自己孩子的短处，我们总能挑出自己孩子身上许多不如别人孩子的地方。

殊不知，你是孩子最亲近、最信赖的人，当你总跟孩子说这些话时，会严重打击孩子的自信心，极易让孩子破罐子破摔，产生自卑心理，失去对父母乃至他人的信任。

当发现孩子有不如别人的地方时，做家长的要先进行一下分析，看看自己的孩子到底跟别人差在哪儿、差多少。然后再围绕差的方面，去看看孩子可提高的空间有多少，可提高的方法有哪些。最后，围绕这些方法，提出改进和提升的要求。

要注意，这里一定要给孩子制订适合孩子的独特的成长计划，不要随意地让孩子去模仿其他人，要把孩子跟别人的比较，变成他跟自己的赛跑。

比如，小学生时期的子文写字潦草、凌乱。有一次开家长会，老师当着全班同学家长的面，点子文的名字："这个同学的作业简直不能看。

大家看到眼前这么高一沓作业本了吗？"老师拍了拍讲桌上的一沓作业本，接着说，"我一眼就能把他的作业本挑出来。"

然后，这位老师果然就拿出了一本作业，抖开几页让家长们看："你们看看，作业尽管对，但写成这样，老师也不会给高分的。字迹用四个字形容，那就是'龙飞凤舞'。"

当时我羞愧得恨不得有个地缝钻进去，心里想：丢死人了，回家一定说他，罚他工工整整地写十页作业。

等回到家，我冷静下来，仔细想了想，子文的字写得不好，这一定不是他的主观意愿，毕竟，谁也不想自己写一手难看的字，肯定是一些客观因素导致了这个结果。

我想了想客观因素，诸如，他起初就没有受到正确且科学的写字训练，他写字总心不在焉，甚至总是图快，想尽快完成，以便出去玩……

分析了原因之后，我给他制订了独特的成长计划——报名参加硬笔书法班，买字帖，每天陪伴他写字，叫他放慢速度，不要求快，并答应给他单独的、弟弟没有的奖励。

子文这个孩子很要强，如果罚他抄写作业，他一定会很难过，并且没什么实际性的提升，最好的结果也就是罚他抄写时，他会写得不错，后面，他还是会写出"龙飞凤舞"的字。

但他从小就有恒心和毅力，自己想做的事，是不达目的不罢休的，利用好他性格这方面的优势，去改正他毛躁的缺点，应该会有效的。

后来，利用他性格的坚韧，我给了他很多的"刺激"和鼓励。我对他说："你是天底下最肯吃苦的孩子，所以你会得到最多的糖。"

果不其然，科学地训练、耐心地陪伴、适时地奖励，这三个方法慢慢奏效了，他开始写得越来越好。

此后再开家长会，子文的作业本再也没被老师"展示"。

我们每个做家长的如果能够用心，一定能在自己孩子身上发现很多长处，包括外表、谈吐、性格、爱好等方面。

我们就是要善于发现，利用孩子的长处，进而在这个基础上指引他们扬长避短。

或许你会问了，为什么要扬长避短呢？扬长避短算不算是一种逃避呢？

这里我想说，人都有擅长的和不擅长的，有时候，我们家长换一种思路，发挥孩子的长处，让孩子将擅长的做到极致，或许也会是我们做家长的一种成功。

像子文、子豪的好朋友——奥运会蹦床冠军何雯娜，她的妈妈就是在她很小的时候发现了她的体育潜能，把她送到了体校进行训练。那种苦是很多孩子都无法忍受的，当时何雯娜也想放弃，多次跟妈妈哭求，但是何妈妈就是看到了她在体育方面的与众不同，鼓励她坚持下来，最终使得她站在了世界冠军的领奖台上，实现了自己的人生价值。

科学家杨振宁在美国读书时，动手能力很差，很多同学都开他的玩笑："实验室哪里有爆炸，哪里就有杨振宁。"

他的导师却看到了杨振宁很强的分析能力，对他悉心培养，指导他研究物理理论，后来杨振宁在物理领域取得了杰出的成就，并获得了诺贝尔物理学奖。

我们身边这种成功的例子很多，大到知名人物，小到各行各业的能手，都跟家长、老师能够及时敏锐地发现孩子的长处，并将它发扬光大有很大关系。这就是人们常说的："三百六十行，行行出状元。"

每个人成功的路不见得一样，孩子也不只有学习好、考高分才能出人头地。这里又涉及我的另一个观点，那就是：投资孩子的长处，比漫无目地投资"回报率"更高。

我有个朋友的孩子从小调皮捣蛋，被老师叫家长成了他家的常事，孩子的学习成绩可想而知。

他也曾很为孩子的教育头疼，一度也感觉看不到孩子的未来和希望。

我们在一起聚会，一谈起孩子，他就很苦恼。有的朋友劝他使劲揍孩子一顿，别舍不得；有的朋友告诉他，要天天盯着孩子，孩子不写完作业就不让他睡觉。

我当时试探地问他："没有发现孩子有什么特长以及他最喜欢做什么事吗？从他的兴趣点出发，找准他的长处，或许是个突破。"

后来，我的这个朋友告诉我，孩子喜欢跳舞，他送他去上舞蹈兴趣班了，希望能把孩子稳住，少惹点祸。

这个孩子自从参加了舞蹈兴趣班，就发现自己比其他人有更强的肢体协调能力，而且这份成就感让他更加投入，变得自信很多。凭借着出色的舞蹈水平，他在省内外甚至国家级比赛中屡次获奖。

几年后，他以舞蹈特长生的身份考入了本省的重点艺术院校，经常被邀请参加各种演出活动，成为当地小有名气的"红人"。

现在，这个孩子开办了一家舞蹈培训班，做得风生水起。

所以说，只要我们做家长的，用一双爱的眼睛去发现孩子的长处，并把这个长处发扬光大，就会给孩子无穷的力量，继而培养一个人才、成就一个梦想、创造一个奇迹。

当然，我们在发现孩子的长处时，要不停地修正孩子的缺点，正所谓小树不修不直溜，看孩子的长处不等于处处纵容孩子。

也有一些家长看自己的孩子总跟一朵花一样，觉得哪儿哪儿都好，把孩子身上的弱点都归咎于孩子的幼稚，将错误最大化地弱化，盲目地夸大孩子的单纯可爱，忽略了要给孩子必要的引领，这也是不对的。

前几天，我跟朋友去参加一个年会，她的同事带着一个六岁的小姑娘坐在我们旁边。小姑娘很可爱，大大的眼睛，一笑两个酒窝。

小姑娘见到我，朋友的同事让她叫我阿姨，她甜甜的嗓音和美丽的笑脸，把我的心都融化了。

我们三个聊着天，孩子就独自去一边玩耍，我在心里暗暗地夸赞，这个孩子的独立性真强。

不一会儿，她就跑回她的妈妈跟前，很烦躁地打断我们的谈话，用小手捂住妈妈的嘴，冲着妈妈喊道："你们别说了，我叫你闭嘴。"

看，其实这个孩子身上有很多优点：待人热情，漂亮伶俐，招人喜爱，独立性强。但她也有缺点：暴躁，不礼貌。

但是这个妈妈稀里糊涂地照单全收，只见她搂过孩子，在孩子的小脸上使劲地亲上一口，央求地说："宝贝，自己再玩会儿，妈妈再和阿姨说两句话啊，就两句。"

小姑娘倔强地一嘟小嘴："就只准说两句。"

大家看，这个妈妈就是没有看到孩子身上的缺点，只是一味地包容孩子，满眼都是孩子的可爱之处。

或许这个小女孩身上的小毛病，会在妈妈的溺爱下变本加厉，长大后养成骄横跋扈、刁钻霸道的坏性格，那就真的成了扬短避长了。

一百个孩子有一百个特点，一百个孩子就要有一百种教育方式。

家长只有正确地评判自己的孩子，挖掘出孩子身上的长处，教会孩子去面对和挑战自己的短板，才能培养出积极阳光的、能够适应社会的新一代青年。

七、帮孩子树立正确的世界观和人生观

人之所以区别于动物，就是因为人是有思想的。人是运用头脑去看世界，去对未来进行构建、设想，做出评判的。

正确的世界观和人生观，会让孩子呈现阳光、自信、诚实、正直的精神风貌。

错误的世界观和人生观，会让孩子眼中的世界充满灰暗、懦弱、奸诈、虚伪的色调，甚至会毁掉孩子的一生。

所以，帮助孩子树立正确的世界观和人生观非常重要。要做到这一点，首先父母要以身作则、言传身教。

在大部分家庭中，这辈人在很多方面都和自己的上辈人非常像，有的是言谈举止像，有的是说话风格像，有的是走路姿态像，有的是处世方式像。这都源于孩子在成长的过程中，接触最多的是父母。

父母是孩子的第一任老师，孩子在未成年时期的模仿能力极强，在他形成独立的世界观之前，他会认为父母做什么都是对的，都是有权威性的。

于是父母说话的语速、语气，待人接物的处理方法，对发生的事情的解决方式等，都一一被孩子看在眼里，记在心上。

孩子会仿照父母看问题的角度，再通过自己的眼光和头脑进行归类，从而形成属于他的独特的世界观和人生观，这就对我们做父母的提出了更高的要求。

想要有个优秀的孩子，首先你要做个优秀的父母。

我有户邻居是对小夫妻，住一楼，家里有个小庭院，收拾得很现代。男同志是个生意人，社交活动比较多，他家经常高朋满座，非常热闹。

有一天，我下楼丢垃圾，电梯一开，恰逢他打开房门，把满满一袋子垃圾堆放在了门口。

"我帮你扔了吧？"我笑着跟他打招呼。

"不用，不用。"他有点不好意思地扒拉了一下头发。

这时，他家孩子从房门里探出小脑袋，兴奋地问我："阿姨，哥哥们回来了吗？"

这是子文、子豪的忠实小粉丝，每次见到我，都会打听子文、子豪的去向。

我笑着回答他："没有，等他回来我告诉你啊。"我一边说着，一边拎起他家的垃圾，"给我吧，举手之劳呢。"

"阿姨。"这时，只见那个孩子很利索地从爸爸身边挤出来，一把抢过他家的垃圾，"给我吧，我去扔。"

我抚了抚孩子的头，夸赞着："真是个乖孩子。"

垃圾桶就在单元门的旁边，我们扔了垃圾回来，那个孩子的父亲仍站在门口，很惭愧地跟我说："大姐，不好意思，家里来了客人，垃圾多了点，下次我直接扔外面去。"

"没事没事，你家孩子教育得不错，真懂事。"我冲着愉快地跑进屋去的孩子摆了摆手，然后提醒他说，"不过我看你家经常来这么多客人，可别影响孩子学习啊。"

他认同地点点头："谁说不是，我们在院里聚会，让孩子在书房写作业，以为不会影响他，但我发现他经常趴在窗户那儿看热闹。"

"你家孩子是个好孩子，好好培养啊。"我笑着和他道别，因为我觉得这是个明智的父亲，他已经觉察到了自己的行为会给孩子造成不好的影响。

只要他知道自省，知道反思自己的行为，就能够改正错误，胜任孩子的启蒙老师。

但还是有很多父母平时不注意自己的言行，我行我素，却一味地想要自己的孩子优秀，在这样的父母的影响下，孩子能够优秀吗？

孩子的问题往往是父母一手造成的，孩子错误的世界观和人生观也是父母慢慢培养起来的。

想要培养优秀的孩子，父母们更要严格要求自己，时刻审视自己，多读书，多交流，多思考，只有自己的观念提升了，才能教育、引导孩子在正确的道路上前行。

在与人相处方面，我和爱人的思想一致，都是愿意多付出、多忍让——"你敬我一尺，我敬你一丈"。

孩子小的时候不懂，他们经常问我："妈妈，怎么不管是在奶奶家还是姥姥家，都是你干活，而且比我大的也让我让着，比我小的也让我让着，咱们家怎么总是吃亏的那一方呀？"

我跟孩子讲："多做点事情累不坏人，一家人在一起就不能斤斤计较，古话说得好，家和才会万事兴。而且从另一个角度去看，吃亏未必不是福啊，看，一大家子聚在一起，大家都开开心心的，多好啊。"

"可是，对家人好我们可以理解，因为他们是家人，但是爸爸总说朋友是最重要的，朋友一叫他，他就不陪我们了。"孩子还是不能理解地问。

我用欧洲的思想家西塞罗的一句名言，跟他们解释道："世界上没有比友谊更美丽、更令人愉快的东西了。没有友谊，世界仿佛失去了太阳。"

人的一生中会交到很多朋友，从朋友身上可以学到很多东西，同时，也能得到很多帮助。

虽然我跟他们讲了许多道理，他们仍是似懂非懂，但是随着他们慢慢长大，他们就会通过从你身上学到的思想，形成他们对这个世界的看法。

你灌输给他的思想、你的所作所为，一定会影响到你的孩子的处世之道。

记得孩子们长大后，曾跟我说过一句话，就是他们对理解爸爸的最好诠释："爸爸是个真正的男人。"

其次要做到循循善诱、因材施教。

孩子一天一天在长大，他的世界观和人生观也在一点一点地形成。正确的世界观和人生观不是一蹴而就的，是通过一点一滴的积累树立起来的。

在日常的生活中，家长要善于观察孩子的言行，不能因为事小就忽略对孩子的教育，发现问题必须及时纠正。

比如孩子早晨起床后，要教他怎么收拾被褥、怎么整理书包，自己看着时间，何时出门不会迟到。

这样让他学会管理自己的生活，做到自己对自己负责。

爱磨蹭是孩子们的通病，子豪小的时候就总要我去催促，他才匆匆忙忙地跑出门。

为了改掉他的这个坏毛病，我后来告诫他："你的人生是你的，所以你的时间安排也听你的，以后妈妈不再提醒你了，如果迟到了，老师罚你，你要自己承担后果。"

孩子意识不到问题的严重性，痛快地点头同意："好的。"

果不其然，没两天，他就噘着嘴放学回来了。我问他怎么了，他哇哇大哭，说到校晚了，老师罚他站在后面听了一节课。

我把他搂过来，耐心地给他讲，我们为什么要遵守时间以及遵守时间的重要性——不遵守时间，现在只是得到老师的惩罚，将来长大了，如果没有时间观念，会带来什么样的危害。

通过孩子的亲身感受和我的说教，让孩子懂得管理好自己的时间的意义，慢慢地让他养成守时的良好习惯。重要的一点是让他懂得了：我的人生是我自己的，我要为我的所作所为买单。

在循循善诱中，我们还要注意孩子的个体差异，因材施教。

现在有很多家长出于自己的虚荣心，总爱强制孩子按家长的意识去做。别人家的孩子穿大牌，自己家的孩子也要有；别人家的孩子学钢琴，就也给自己家的孩子报名。这样的家长不从自家孩子的自身现状出发，不考虑孩子的心理需要，一味地去攀比，用自己的喜好去主宰孩子的人生。

其实每个孩子都是天才的苗子，各家的天才各不相同。

家长要做的是让孩子把他们的天赋最大限度地发挥释放出来，根据孩子的个性因材施教。

从孩子感兴趣的点入手，激发他们学习的兴趣，增长他们的知识，开阔他们的视野，从而奠定他们树立正确的世界观和人生观的基础。

我的一个朋友的孩子，从咿呀学语时就喜欢车，各种车都喜欢，他的爸爸妈妈除了给他买各种模型，还给他订阅了有关车的杂志。

没事的时候，他们就带孩子去图书馆翻阅有关车的图书，孩子小小年纪，只要见到对面驶来的车，就能说出车的品牌，由哪家厂商生产的，具备什么特性，价格是多少等。

渐渐地，他从对车的喜好，发展到对车的研究，但凡古今中外的车辆发展史，他都能说得头头是道，总能得到大家的夸奖。

这些称赞更激发了孩子对知识的热爱，他对各种书都爱阅读，当然尤其是有关车方面的知识从不放过。

子文、子豪考上大学时，他妈妈带他来我家串门，他要得最多的就是我家的书。

他妈妈说："从你家拿回来那么多的书，他当宝贝似的，每天都看。"

或许就是这博览群书的习惯，让这个孩子汲取了知识的营养，他的目标和两个哥哥一样，将来要成为一个对社会有用的人，而且要读万卷书，行万里路。

我经常跟我的孩子说："你的心胸有多大，你的事就能做多大。"

我们做家长的要从孩子小时候起就培养他博大的胸怀，这样才能让孩子成为坦荡正直、抱诚守真的人。

这种世界观、人生观的形成，除了需要家长的示范和一点一滴的培养，还需要让孩子多读书。

多读书能让孩子不出门而知天下事，知善恶，明事理。

现在，有的家长很早就让孩子读《道德经》《三字经》《千字文》《论语》等，这很好。

孩子通过古典诗文的学习，能够感受古老文化的深刻底蕴，其中田园的景色、做人的道理、爱国的热情、远大的抱负和理想，都能给孩子留下深刻的印象，这对于孩子精神的熏陶、人格的塑造，起着不可估量的作用。

另外，家长还要多给孩子讲一些名人逸事，读一些英雄传记等，让孩子从小就有仰慕的高大形象，帮助孩子树立远大志向和拥有克服挫折的勇气。

榜样的力量是无穷的，少年养志，孩子会在名人、伟人的故事中，汲取强大的正能量。

家长让孩子多读书的同时，还要带孩子行万里路。

记得我小时候，生活在军营外村里的孩子，在看到外来的人或车辆时，都会有一种怯懦的眼光。

为什么？就是因为他们见得少，对大千世界了解得少，所以他们才会对自己认知以外的新鲜事物，产生茫然和恐惧。

我们的孩子如果每天只接触家里人，看到外面的新鲜事物也会如此。

所以，家长必须多带孩子出行，让他接触外面的世界，用感知去丰富书本上的知识。

孩子们在很小的时候，随着生活条件的好转，我开始经常带他们出行。

我们会在冬季带孩子们去雪乡看雪，去雾都看冰凌，或者去海南吹热浪，体会祖国幅员的辽阔、山川的壮美；会在夏季带孩子们去辽阔的草原，感受那奔腾的骏马、浓香的奶茶和美丽的蒙古包；或者去爬山、去探险，体会一览众山小的意境。

脱离常规的生活和学习环境，孩子们外出时是兴奋和新奇的，他们会用一种全新的心态，去审视和感受这个世界。

旅行中到过的地方、看到的风土人情、经历的各种事情，都会给孩子留下许多记忆，丰富他的人生经验，提高他的辨事能力。

眼见为实的实践经验，让孩子拓展了视野，提升了人格修养，形成了积极、自信的心态。

总之，正确的世界观和人生观会让孩子受用一生，它会指导孩子正确地看待社会的变化，应对社会不良思潮对自己的影响，正确处理人际关系、工作关系，以及正确面对步入社会后所面临的各种诱惑。

拥有正确的世界观和人生观的孩子才能刻苦地学习、努力地工作，在社会拥有自己的立足之地，才能好好地经营他们的人生，健康、顺利地成长，不会成为问题孩子，这样我们家长才算真正尽到责任。

八、让叛逆期的孩子找到归属感和价值感

叛逆期是孩子思想、个性初具雏形的时期，这时的他们既有自己独立的意识，又有对家长的依赖。

无论是学习还是生活，他们都想按自己的想法去表现自己，证明自己是个大人了，但在我们大人眼里，他们还是那么稚嫩。

当他们的行为和我们的想法相吻合的时候，他们在我们的眼里是个懂事乖巧的孩子；当他们的行为和我们的想法相悖的时候，我们会明显地感觉到他们的叛逆。

我这里说的是明显的叛逆。

如果是成人，当双方意见不一致的时候，我们往往会控制住自己的情绪，尽量避免冲突，很圆滑地处理好彼此的矛盾。但是孩子不会，他们很稚嫩，不会隐藏和掩盖不满的情绪，表现出来的就是叛逆、不听话。

我中学时，是在部队附近的一个乡村中学读书。有一次年级大会考，大家都要坐车去镇中学统一考试。由于路远，学生要自备一顿午饭。中午的时候，几个部队大院的孩子纷纷从书包里掏出饭盒，里面不是满满的白米饭，就是大馒头。

当时的粮食是按量供应的,每家都是粗粮多、细粮少。我以为我的爸爸妈妈也会因为会考,奖励给我大馒头或白米饭,当我兴冲冲地打开饭盒时,看到的却是日常吃的玉米饼,只不过中间多了一层红糖。

后来妈妈告诉我,那玉米饼加红糖已经是很奢侈的了。但当时我的头一蒙,马上把饭盒扣上,跟要凑上来看看的小伙伴说了句"我去趟厕所",就端着饭盒跑出去了。

等到了外面,我找了个没人的地方,流着眼泪,愤怒地把加了糖的玉米饼全都扔出去老远老远。我当时心里非常委屈,觉得自己的父母根本就不重视自己,别人家的父母都知道离家出来考试很辛苦,都能给孩子最好的午餐,而我的父母却依然给我带家常便饭,没有一点不同往日的关怀。我觉得自己不被家长关注,就像一只无助的小鸟,失去了妈妈羽翼的庇护,独自去外面的世界闯荡。

长大后,我才慢慢理解了母亲的艰难和节俭,但当时的那种失落感,我至今记忆犹新。

这就是叛逆期孩子的心理状态,他们渴望得到家人的关注和理解,希望找到属于自己的归属感和价值感。

帮孩子找到归属感和价值感,一定要先做到重视孩子。

孩子在叛逆期的时候,会止赶上我们成人的事业期。这时候的家长正是单位的中流砥柱,备受领导的器重,加之自己对事业的追求,会让渐入中年的我们很忙碌。

在单位,我们每天要面对纷杂的工作,需要不断地学习专业技能,不断地提升业务水平,不断地提高管理能力,还要处理好各种日常事务和突发事件。

当我们回到家，孩子虽不再像小时候那么缠人，也因他不再乱滚乱爬，洗洗涮涮的事情会少许多，但是你不能因为工作的劳累、孩子的独立，就减少对孩子的关注。

他已不再是一两件新衣服、一顿美餐、一份礼物就能笼络的孩子了。这时候的他，小脑袋瓜每天都会充满稀奇古怪的想法，面对学习难度的增大，面对同学交往的加深，他会有很多的懵懂和迷茫。

当他想跟你讲述所见所闻的时候，你会不会有以下说法：

"我很累，不想听你说这些没用的，快去写作业。"

"小孩子家，别总关注这些乱七八糟的事，学习去。"

"我还有点事情要处理，你先去学习，咱们没事的时候再聊。"

诸如此类的拒绝言语，会让孩子退回他自己的世界。

殊不知，你懈怠了对他的管理，他会按着自己的意识去做事、看人，慢慢地会形成他自己的世界观和价值观，等你发现了问题，再想纠正就很难。

子文、子豪有一个小学就很要好的同学，他的妈妈很早就离开了他，他和爸爸、继母生活在一起。有一天，子文、子豪磨磨唧唧地互相推搡着："你跟妈妈说。""你跟妈妈说。"

我仔细询问才知道，当天是那个孩子的生日，但是他的爸爸和继母都不记得，子文、子豪想晚饭后先把作业写完，然后陪这个同学去歌厅唱会儿歌，给他庆祝一下生日。

我赶紧纠正他们："你们关心同学是好事，也知道先完成作业，但是你们都还未成年，独自去歌厅可不行。"

"那你们的朋友过生日，不都是去唱歌吗？"他们俩不解地问。

我认真地答复他们："我们是成年人，有自控能力和处理突发事件的能力。你们太小，没有家长的监护是不可以随便去娱乐场所的。"

他们俩立刻一筹莫展地问："那怎么办啊？他是我们的好朋友，我们想陪陪他。"

我用征询的口吻问他们："请他来家里做客不好吗？妈妈给你们做几个拿手菜，买个生日蛋糕。正好爸爸妈妈今晚有个应酬，你们在家里好好聚聚。"

"当然好啦，可是让您准备这么多，您会不会很累呀？"孩子们开心又有顾虑。

"没事，做饭的事，妈妈手到擒来。"我轻松地回答他们，"只要你们开心，你们的事，妈妈保证给安排好。"

晚上，我做了一桌丰盛的菜，备好生日蛋糕后，我和爱人就出了家门，其实我们哪里有应酬，不过是给孩子们一个轻松的空间而已。

我和爱人去看了一场电影，逛了会儿街，等回到家时，他们竟然已把餐厅收拾得利利索索。

孩子们腻在我的身边，用感激的眼神望着我，说："妈妈，您真好，谢谢您！"

孩子的事得到了家长的高度重视，孩子心里会无比温暖，他会觉得自己是这个家庭的重要成员，自己在这个家受到了尊重，反过来也要为这个家做最好的自己。

这种强烈的责任感和担当意识会让孩子找到归属感和价值感。

帮孩子找到归属感和价值感，要赋予孩子一定的权利。

叛逆期的孩子不同于学前或低年级的孩子，那个时期的孩子，幼稚单纯，对事物充满好奇，处于感性阶段。

叛逆期的孩子已经逐步形成了自己对世界独有的看法，他不会盲从于家长的安排，已经渐入理性阶段。他会用自己的眼光审视事物，用自己的观点去处理问题，并且强烈地想要主宰自己的一切。

当孩子处于这个阶段，家长就要把握好分寸，管理过松，会放任孩子的性情，助长不好的习惯；管理过严，要么把孩子管得失去自我，凡事不敢做主，没有担当，要么会导致孩子强烈反抗，出现过激行为。

家长应该在孩子需要的时候，适度地帮一把，原则是不能剥夺孩子的自主权。

就拿压岁钱来说，现在的孩子，逢年过节都会收到不少压岁钱，一年一年地积攒起来，也不是个小数目。

我从不收回孩子的压岁钱，但会关注他们的钱是如何支配的。

有一次我想给孩子们各买一件新外套，他们俩赶紧说："您现在的眼光有点落伍，我们自己有钱，周末还是我们自己去买吧。"

我就笑着说："好吧，那我就省心了，你们自己去挑喜欢的样式吧。"同时我也告诉他们应该去哪家商场，买什么品牌的。

谁知他们俩跑去私人的小服装店，买了两套"时髦"的衣服。

我一眼就能看出他们新买的衣服是那种做工粗糙的"三无"产品，上上下下有多处补洞，还有一条白色铁链从腰带连到口袋，不用说，就是那种廉价的时尚款式。

"你们这是从哪儿买来的地摊货，好看吗？简直浪费钱。"我诧异地问他们俩。

他们俩却不以为然，穿上新衣服，美美地照来照去。

第二天，俩人得意扬扬地穿上新衣服上学去了。虽然这套衣服没穿上几次，他们俩就不再喜欢了，但是毕竟让孩子自己做主，选择了他们喜欢的样式，消费了他们自己的资产，他们会从中体会到自主的快乐。

后来在一次给孩子买车的问题上，我和孩子也有了分歧。

我觉得他们还小，骑自行车比较安全。但是孩子们认为他们已经13岁了，不再是小孩子了，也有了三年骑自行车的经验，中学离家又远，为了节省时间，一定要买电动自行车。

他们俩把压岁钱拿出来，跟我说："妈妈，您只管把买普通自行车的钱给我们，剩下的钱用我们自己的压岁钱补上，我们就是想要一辆电动自行车！"

虽然我们做家长的是从安全的角度替孩子着想，但毕竟孩子们有了他们自己判断事情的能力，即使这个能力或许有不足，我还是尊重了孩子们的意愿。

培养他们的独立性、创造性，赋予他们主宰自己生活的权利，哪怕他们会走弯路，但在错误中吸取经验，会让他们更加快速地、顽强地成长。

就像温室里的花草，如果把它移到室外去，让它充分地吸收阳光、水和空气，它会更加健壮。

帮孩子找到归属感和价值感，要培养孩子的抗挫力。

我记得大概是他们俩上初二的时候，有一次一个孩子说起自己的班主任老师病了，其他班的老师来代课，他特别盼着自己的班主任尽快回来。

我问他："现在不是有代课的班主任吗？"

他不愉快地告诉我："我不喜欢这个老师，他特别老土，根本就跟不上这个时代，总说我们穿奇装异服，还诬陷我们和女生在一起，就是搞对象，说我们没把精力放在学习上，我特别不爱上他的课。"

我一听，这孩子是受打击了，原来的老师肯定总是用积极的话语鼓励他，他喜欢听。

这个老师是另一种管教风格，批评式教育让他感到受挫折了，不舒服了，所以他要用抵触的方式来对抗。

我赶紧用我失败的经验告诫他："妈妈刚从山区转到这个城市的时候，上学第一天，班主任老师带我去教室，路过英语教研室，碰上了英语教师，她用下巴点着我问班主任：'学英语了吗？'班主任老师说没有，那个英语老师马上嫌弃地说：'别给咱班拉分。'

"当时我特别恨这个英语老师，到她的课堂就不好好听讲，她讲课，我就看别的科的书或是画画，最后我的英语学得一塌糊涂，可是英语老师还是英语老师。

"我没有端正自己的学习态度，我是在给自己学，而不是给英语老师学。"

我跟孩子认真地分析："我就是因为自尊心受到了打击，就破罐破摔，一点抗挫能力都没有，到头来吃亏的还不是自己？"

我的这个亲身体会，作为反面教材深刻地教育了孩子，让他意识到了在困难和挫折面前，应该端正自己的思想，保持良好的心态，树立战胜困难的信心，勇于面对打击、接受挑战，才能不断磨炼自己，才能成为不被打倒的强人。

就像泰戈尔说的："上天完全是为了坚强你的意志，才在道路上设下重重的障碍。"

他改变了对代课班主任的态度，认真地上好每一节课，作为班长，主动和老师做好沟通，保证了班级各项工作的稳定进行。

帮孩子找到归属感和价值感，要鼓励加赞扬。

在夸奖中成长起来的孩子，既阳光又自信，尤其是叛逆期的孩子渴望得到认可。当孩子取得一点点成绩的时候，家长一定要予以鼓励和赞扬，这时孩子就会觉得自己有价值，就会更加努力做好每一件事。

有的人说："我家孩子没有那么多优点，怎么夸他？"

其实孩子做出的那些调皮捣蛋的事，无非就是想引起旁人的注意，强调自己的存在。

你要仔细观察他的行为，发现闪光点，予以夸赞，同时降低责备力度。

比如说孩子大了，有些你想让他参与的聚会，他不想去，你不能一味地责备孩子不懂事、不听话，强迫他去参与。

你可以试着说："阿姨们特别喜欢你，总夸你又高又帅。咱们去了后，你要是不愿意多待，可以让爸爸带你先回来。"或者说："某某阿姨家的弟弟（妹妹）也去，他们喜欢你这个大哥哥，你要不去，他们也不想去了。"用他的魅力去打动他，证明他的重要性。

再譬如学习方面，不要总看到孩子的成绩在班级或年级排多少名，要看孩子自己跟自己上次的成绩比怎样，如果进步了，一定夸奖他真棒，比上次多考了多少分呢；如果没有提升，可以看看上次做错的题型，孩子这次有没有答错，没有就要夸奖。即使同类题也做错了，也可以看看他的卷面是否整洁。

总之，不能用打击的话语去刺激孩子，伤害孩子的自尊心，打击他的存在价值。

子文、子豪中学时期体重在一百六七十斤，他们的体育成绩一直不理想。中考前，我们逐一分析体育科目，鼓励他们积极锻炼："你们俩的柔韧度很好，如果肯锻炼，体育一定能得满分。"而不是用埋怨的口气说："你们吃这么多，长这么胖，再不锻炼，体育怎么能及格呀！"

他们俩在我的鼓励下，每天做完作业后，一个孩子坐在另一个孩子背上，慢慢下压，迫使下面的孩子伸平手臂用力向前伸，我在前面拉着他的手，帮助他进行体前屈训练。一个练完，再换另一个。

等他们做完后，到楼下，他们的爸爸和他们一起进行立定跳比赛，看谁跳得远，每天每个人都做出标记，第二天再自己去突破自己。

坚持了一段时间，他们的体前屈和立定跳都达到了学校要求的水平，保证了体育不给他们拖分。

叛逆期的孩子就是特别敏感，他们希望被重视，想要成长的权利，在挫折面前，渴望被鼓励、赞扬，哪怕他们有一些瑕疵，也要让孩子在我们永不放弃的鼓励声中，坚强、勇敢、执着地成长起来。

2

第二部分
母子的拼搏

九、建立目标，创造梦想

没有学霸是天生的，他们都是靠着一步步建立目标，最终实现梦想的。在这个过程中，目标至关重要，因为有了目标，才有了前进的方向。

不同阶段应该有不同的目标，目标的设定既不要过于宏大，也不要过于渺小。

过于宏大的目标，一是难以实现，没有实现的可能，也就没有实际意义；二是容易因为没实现而感到挫败，从而让孩子失去自信，自暴自弃。

而过于渺小的目标，一是没必要设置，对人没有激励作用；二是容易让人感到满足、懈怠、自满自大，对自己的实际水平产生误解。

孩子在成长的过程中，很难理智、主动地为自己设定目标，这时候，家长一定要站出来。

子文、子豪在上小学一年级的时候，由于上课捣蛋、作怪、迟到、成绩差，一度被老师退回到学前班，足足一个多月，他们都没敢和我说。

在学前班里，他们整日做着找房子的游戏，没有学习任何知识。

重回一年级时，子文、子豪的功课已落下了很多，成绩一直倒数，没什么起色。

我做了一个很重要的决定，那就是帮助他们树立目标。

树立什么目标呢？

小学阶段，孩子的成绩不是最重要的。这个阶段，我认为最重要的是让他们提起对学习的兴趣，学会认可自己，明白努力的意义，总的来说就是教他们学会如何做一个好孩子。

怎么做呢？我鼓励他们去竞选班长。

或许你会问了，什么，差生去竞选班长？没错，你没听错，我鼓励他们去竞选班长！

因为我相信，没有谁的孩子天生就是差生，天生就不如别人，一切"看似的结果"都是我们"放任的结果"，只要肯改变，就能扭转局面。

不出意料，竞选班长的他们失败了。但这不重要，重要的是，他们明白了两个至关重要的道理：

第一，人往高处走，水往低处流，他们值得去最高的地方，和最好的人竞争，做最棒的自己；

第二，当你不努力，就会遭人怀疑、不被信赖，只有你足够努力，大家才会为你"投票"。

这个方法很快就奏效了，子文、子豪为了争取大家的"喜欢""认可"，改变了自己的坏习惯，努力让自己成为了一名好孩子。

这可不是我的功劳，我只是顺水推舟——小孩子都喜欢计较输赢，一个连玩具都会争抢的孩子，面对失败，是没那么脆弱的，利用好他们的这股子劲，就能助他们一臂之力。

后来考取我们当地的重点初中时，子豪失利，勉强被录取在普通班，子文虽然进入实验班，但也是班级的倒数第三名，可我们和孩子都没有放弃。

初中阶段，我继续给子文、子豪设定目标——学好各个学科的知识，打下扎实基础，养成好的心态。

通过三年的努力，中考时，他们都成为学校的优等生。那时，可没人看得出这两个孩子能在以后的高考中，脱颖而出，双双考入北大！

说到北大，就必须提到高中时期的子文、子豪了。他们考取的高中竞争激烈，高手云集，我是一点点看着他们从一百五十名到一百二十名，再到七十多名，又到十多名，最后考到年级前两名的。

纵观他们的学习经历，他们就是两个普普通通的孩子，如果算是学霸，那也是后天培养起来的。

他们从被劝退的差等生，到后来雄踞年级前两名，最终成为考取北大的优等生，是通过他们的不断努力，一点一点进步，一个一个目标来逐步实现的。任何一个阶段，不管是孩子还是家长，只要放弃了，就不会有今天的成果。

所以我想说，只要家长有信心，任何一个孩子都可能成为学霸，学霸是可以养成的。而养成学霸，最重要的就是拥有目标，一步一个脚印去完成。

关于目标设定，我想说，在孩子有目标之前，家长要先有目标。

仔细想一想吧，是不是我们常常唠叨孩子"好好学习""树立远大目标"，却从没想过，我们只要求了孩子，却忘记了要求自己？比如考上重点中学、考上理想的大学，这是我们给孩子树立的目标。那我们做家长的，在孩子成长的每个阶段，就一定要有一个明确的规划：你希望自己的孩子取得什么样的成绩，达到一个什么样的效果。只有家长的目标明确了，才能一步步更好地引导孩子。

以子文、子豪为例，在小学阶段，我给他们设定的目标是让他们养成一个良好的学习习惯。

在这个时候，你不要去讲什么太大的道理，更不要去跟孩子说考清华北大之类的远大目标，你就专心培养他好的学习习惯。

因为小学的学习内容比较简单，一百分和八十分之间的差距不会太大，又或者说，在后期很容易弥补回来。

但，如果一百分的学生学习习惯好，八十分的学生学习习惯不好，在日后的中学生涯拉开的差距可就越来越大了。

这个道理很容易想通，比如跑步的时候，不管你会不会专业的技巧，跑一百米，大家的差别不会太大。但如果是一千米、五千米，甚至是一万米呢？结果可想而知。

所以，为了培养孩子好的学习习惯，每天早晨送他们到学校时，我爱人都会跟他们说："要好好听讲。"

放学接孩子时，爱人也会问他们："好好听讲了吗？"

我们每天都强化他们好好听讲的概念，让孩子每天一到学校就带着你的这个声音去学习，每天一放学见到你，就要回答自己是否认真听讲了，久而久之，"认真听讲"这句话会深深地印在孩子的脑海中，时刻提醒着他，进而成为他的习惯。

在无形之中，我们就帮助孩子完成了一个目标，形成了一个良好的学习习惯。所以，千万别再说孩子的功课你辅导不了了，你能做的还有太多太多。

小学阶段还有一点也非常重要，就是培养孩子的学习兴趣，比如带孩子多读书。

你可以在家里孩子常去的地方，比如沙发、卫生间等处，经常变换地放一些文摘性图书，让孩子在零散的时间里，随处都能看到书，信手拈来就能翻阅。

你可以在周末和节假日多带孩子去图书馆、博物馆、书店等文化氛围浓厚的地方，家长选择成人类的书籍，让孩子去选择他们自己喜欢的读物。

在孩子读书的过程中，家长要多提问，多鼓励。家长可以多给孩子提一些他感兴趣的问题，如果孩子回答不上来，家长千万不要挖苦，要引导孩子去查资料；如果孩子回答上来了，一定要大加赞赏，让他感到掌握知识的喜悦和自豪，增加他进一步学习的动力。

总之，小学阶段就是培养阶段。

到了初中，目标应该是：打好基础，夯实知识面，为顺利与高中衔接做好准备。

初中与小学截然不同，课程多，难度大，很多孩子都会不适应，甚至很多家长盲目地给孩子报了各种课外辅导班。殊不知，这个阶段最重要的不是会算那么一两道题，而是要培养孩子学会总结出一套好的学习方法。只有孩子有了属于自己的好的学习方法，才能事半功倍。不然，报辅导班只是"拐杖"，一旦脱离了这个"拐杖"，孩子就会站不住。

每个好学的孩子都应该掌握一套适合自己的学习方法，家长在这时候要及时提醒孩子，多观察比自己成绩好的同学是怎么学习的，同时鼓励孩子多动脑、多提问，主动去与同学交流、探讨，取长补短，借鉴他人的学习方法，在自己身上试用并改进。

等孩子到了高中，真正的冲刺阶段也就到来了。这个时期的家长一定要对自己的孩子有个清晰的认识，切忌糊涂盲从。

在这个阶段，家长帮孩子制订的目标要具体，要有可实现性。

首先你要了解孩子所在的学校是个什么样的学校，每年的升学率怎样，自家孩子处于一个什么位次，按现有的成绩，他能上一所什么样的大学。

这是现状，我们把这种现状称为A。

其次，你和孩子共同设定一个目标，比如考上某所大学，或者考多少分，这是目标，我们称之为B。

在A和B之间就是差距，也是努力的空间所在。

根据这个差距，家长需要用倒推法规划出孩子每年（或每半年）需要提升多少名（或多少分），按阶梯帮孩子设立学习目标，一个一个去实现。这样目标就具体了，就有了奔赴的方向。

最忌目标设定得泛泛或者不确定。

比如我要考上个好大学，我要减肥，我要学英语……这些都是模糊的目标设定，因为没有一个具体的实施时间限制，也没有一个达成或失败的标准。

我在子文、子豪刚上高中时，给他们提出的目标是一学期下来，要考进全校前一百名。第一个学期结束后，他们达到了目标，我又将目标改为一年内考进全校前五十名。等他们又达到了目标时，我又逐步将它改为进前十名、前五名。在他们取得年级前几名时，我才最终把目标锁定在北大、清华。

这样制订的目标明确，且有可实现性。反之，如果你对孩子提出过高的要求，让孩子感觉望尘莫及，会让孩子失去拼搏的信心。

说了这么多，我们家长该如何帮助孩子达成目标呢？

首先，当每个目标制订后，为了激励孩子，可以将目标贴在家里显眼的位置，再复制一份贴在孩子的写字台边的墙上。这样，家长和孩子时刻都能警醒，共同为目标而努力。

其次，当孩子达到了一个目标后，要给孩子适当的奖励。这个奖励不必要是金钱，只要让孩子感觉到满足即可——可以口头表扬，也可以实物激励，比如一顿美味、一件新衣。只要孩子有成就感，就会继续努力，拿下下一个目标。

最后，家长一定要和孩子一起去实现目标。

思考这样一个问题吧：你是否严格地斥责过孩子，让他少看电视，乖乖学习，自己却在客厅里看个没完呢？

如果有的话，孩子一定会觉得很委屈、不公平，就算咬牙学习也会没动力。因此，一定要让孩子知道，我们永远陪在他们身边，和他们一起为人生奋斗。你可以做的事情有很多，比如和孩子一起读课外书，陪他一起学英语，和他谈古论今等。

这样孩子会有动力，会觉得在实现梦想的路上有人陪伴，不会感到艰难和孤单。这样的他，一定会朝着梦想奋进！

和孩子一起为人生设定目标吧，一起完成吧，相信我们都会通过一步一个脚印，让梦想变成现实！

十、自律，事半功倍的秘诀

你有没有过这样的经历？当你早晨睁开惺忪的睡眼，明知时间已经不充裕了，可你还是很困，想再多睡一会儿，于是你就在心里"犒劳"着自己："那就再睡五分钟。"

过了一会儿，你又"犒劳"自己："再躺两分钟。"当时间真来不及时，你会腾地从床上爬起："晚了晚了。"于是你连饭都顾不上好好吃，匆匆忙忙地跑出门去。

你有没有过这样的经历？当你要穿过马路时，看马路两侧行驶的车辆都离你很远，感觉很安全，于是即便斑马线就在眼前，你也没有去走斑马线，而是赶紧抄近路，迅速地穿过马路。

前者是该起床了，你却不起，这叫该做的事你不愿意或不想去做；后者是不该随意横穿马路，你却穿了，这叫去做不该做的事。

这两个例子就是自律性差的人的两种表现。

人生活在这个世间，必须要对自己负责，什么该做，什么不该做，都有严格的界定。

举目周边的成功人士，他们的自律性都极强。

人人皆知，自律是事半功倍的秘诀。

那孩子应该如何养成自律的品格呢?

第一,家长要给孩子一个自律的环境。

我们在孩子写完作业后,可以陪孩子一起看看电视,玩会儿游戏,但是到了休息的时间,家长接着看电视或打游戏,却要孩子回屋赶紧睡觉,这合理吗?

孩子晚上看书、学习,家长在客厅大声闲聊,却要求孩子专心致志,不要听家长的谈论,这可能吗?

家长每天在家里,为了生活或工作上不顺心的事吵吵闹闹,却要求孩子只管好自己,这现实吗?

你不能给孩子提供一个自律的环境,却要求孩子做到自律,根本就是不可能的事情。

因此,给孩子一个自律的家庭氛围,家长必须以身作则。

当你早睡早起,孩子自然也会养成这样的习惯;当你坚持睡前看几页书,孩子也会学着你的样子,培养起读书的兴趣;当你强迫自己去健身,孩子也会受你的感染认识到锻炼身体的重要性。

所以,千万不要自己懒惰,而让孩子勤快;不要自己不好学,而让孩子好学;不要自己坏毛病一身,而让孩子完美无缺。

第二,为孩子的行为制订规则,奖惩分明。

养成自律的一个重要手段就是要制订规则,并实施奖惩。因为自律就是自我约束,因此必须有一套界限分明的规则做标准,没有标准,一切都是空谈。

同样是早上起床这件事,在我家就有具体的时间和标准——早上6点起床，谁拖延赖床，就要给予做家务的惩罚。

还有，如果孩子们做一件好事，尤其是得到外人的夸奖，就可以提一个小小的合理要求，我们作为父母的会尽量满足，比如下一次馆子、买件新衣服等。

在学习方面，我规定子文、子豪每天背十个单词，坚持一个礼拜，就会奖励一顿他们最爱吃的炸鸡大餐，若背错一个单词，就要再加背两个单词；成绩前进五名奖励文具，前进十名奖励玩具或喜欢的东西，前进十名以上，奖励旅行一次，倒退五名以上，取消所有获得奖励的资格。

子豪曾经有一次考试退步了七名，正赶上我的单位组织一日游，哥哥子文央求我："带着弟弟吧。"

看着一旁可怜兮兮的子豪，我动摇了一下，但是很快就狠下心来，坚决地说："规则是大家认可的，没有规矩就不成方圆，这次就不带弟弟去了，等下次弟弟的成绩提高了，我们再一起去。"

诸如此类，规则清晰，奖罚分明，言出必行。

第三，他律后会自然形成自律。

人生来的本性是我行我素，每个人都愿意由着自己的性子去做事，那多舒服，想吃就吃，想睡就睡。

我们经常看到如下行为：有些家长，带着孩子在路边大小便；有些成年人，或许是喝多了的缘故，张嘴就随地呕吐；逆行骑电动车的人还会骑得飞快。

看到这些行为，我都会告诉我的孩子，那都是不对的行为，他们也应该自律。在这个世界上，不是你想怎么做就可以怎么做的，每个人的行为都要受道德和法律的约束，要顾及他人的感受和想法，做个情操高尚的人。

一次子豪看到路中间有个垃圾袋，他跑过去捡了起来，丢到了路边的垃圾桶里。

我虽然表扬了他爱清洁和维护环境的好做法，但是对他只想快速把垃圾捡走，没有注意行驶着的车辆的安全隐患的做法提出了批评。

我们身为家长，必须要时刻提醒孩子，哪些事情可以做，哪些事情不可以做，要教育孩子做事是有规矩的，每个人都要学会在规则内行事，这就是在孩子无意识的情况下，用他律形成自律。

他律后会形成自律，这在孩子们的学习上表现得也很明显。

子文、子豪在小学的时候也是很贪玩的。每次做完作业，他们都会告诉我："妈妈，我写完作业了，可以出去玩了吗？"

当我拿起作业，经常会发现这样或那样的小错误。那我就提醒他，下次你自己要先检查，检查完了再给我看。如果我再发现类似的错误，就要给些处罚，比如不让他出去玩，不让他看电视等。

孩子这时候就会拿检查当回事儿，慢慢地学会独立检查作业，养成自我约束的能力。

家长用他律的手段让孩子形成了自律的习惯，这是正解。

第四，养成良好的习惯，自然会达到自律。

自律需要一个良好的习惯，这个良好的习惯一直重复，慢慢才会形成自律。

举个例子，晚上想自律不熬夜，那我们就要养成一个习惯，每到11

点就要把手机放在一旁，不去看。这个习惯养成后，固定下来，当你超过11点还在玩手机的时候，你的良好习惯就会提醒你。结果就是，你放下手机，赶快睡觉。这样一来，良好的习惯就帮助你实现了自律。

在学习上，我也会培养子文、子豪一些良好的学习习惯，帮助他们自律学习。比如，洗漱间的镜子旁会贴满纸条，上面的内容有英语单词，有历史事件，有文学名著知识点等等。他们在每天早晚洗漱时，会经常阅读这些知识点。

再比如，餐桌上每天早上会放一张知识便签，上面写得密密麻麻，中午吃饭或晚上吃饭时，他们会看上一眼。

这些良好的习惯，会让孩子在不知不觉间，一站到镜子前就看几眼，一坐到餐桌边就背上几句。

养成一定的习惯，就会形成自主的规律的行为，形成自律。而更为重要的，并不是洗漱时看的那几眼知识，也不是吃饭时过目的几点内容，而是他自知要刻苦，要努力。这种潜意识会让他在放松警惕的时候，触发自律的雷达，从而回到紧张、刻苦的状态。

第五，培养热爱、种植希望，就会养成自律。

大家都知道十年寒窗苦，学习是件艰苦的事情，也是个很漫长的过程。如果没有对知识的渴望、对学习的热爱、对未来的希望，没有哪个人能把十年好好地坚持下来。

我有个朋友，他家孩子最喜欢的事就是读书，读各种书，天文地理，古今中外，似乎只要是有字迹的东西，他都喜欢看。他在初中时成绩虽然不拔尖，但知识面非常广，老师和同学都认为他很有希望。果不其然，这个孩子在去年考上了北大。

我曾问我的朋友："怎么让孩子爱上读书？"

他给我举例说，如果孩子不爱吃西餐，你就不要上来就给他吃生牛肉，你可以先给他吃些易接受的，比如芝士披萨、香煎鹅肝，慢慢地让他去接受。读书也一样，你可以先让他看一些他喜欢看的类别，当他有兴趣看时，你再把不同领域、不同类别的书摆在他的面前，他自然而然地就会去翻看。

当孩子热爱上某件事，他就会努力地去做好某件事，这是培养热爱。

除此以外，还要在孩子心里种植希望，当孩子有了很大的希望时，他才能有无穷的动力，去取得进步与成功。

比如，不管子文、子豪在学习的什么阶段，我都会给他们灌输一个理念：你们是优秀的孩子，你们的未来一片光明。

当孩子心里有了希望，才会去积极地面对生活、对待学习、努力成长。而当一个孩子内心没有希望时，他对自己的人生一定不会有丝毫期待。

总而言之，自律是事半功倍的秘诀。

让孩子成为一个自律的人吧，这会使他们受益终身。

十一、做最坚强的后盾，即使成绩下降也要鼓励

在陪伴孩子学习的过程中，我们经常会遇到一个问题：孩子成绩不理想怎么办？是责罚，是训斥，还是放任不理？

在我看来，人的一生是场漫长的赛跑，不要因为一时的波动起伏而丧失信心，也不要因为一些暂时的胜利而沾沾自喜。怀着勇往无前的勇气，在困难、失败、坎坷面前，用最坚强无畏的心态，做当下最漂亮的自己！

所以每当我的孩子成绩不够理想的时候，我都会给他们最大的支持和宽慰，让他们知道我是他们坚强的后盾，他们不需要惧怕任何打击，在哪儿跌倒了，就在哪儿勇敢地站起来，继续向前跑。

子文、子豪在整个学习生涯中，每个阶段都出现过高峰期和低谷期。在他们的小学和初中阶段，这样的成绩起伏不会造成太大的影响，但是到了高中阶段，每一次学习成绩的下降，都会给孩子们和家长带来较大的思想波动。

记得那是高二下半学期的时候，子豪的成绩稳居年级第一，而子文的成绩却一路下滑，有时甚至被弟弟超出几十分。

原来他们哥儿俩可是经常轮流考第一的，现在这个情况，子文的心里一定难受极了。

每次考试，斗志昂扬的哥儿俩都会胸有成竹地一同走出家门。这时，我都会在心里虔诚默念，希望这次哥哥取得好成绩。到了晚上，我就备好可口的饭菜，等着凯旋的兄弟俩。

当看到兴高采烈的弟弟笑逐颜开地举着试卷蹦进门，再看到随后进门的低着头默不作声的哥哥，无须他们开口，我就知道哥哥又没考好。

这时候的我心里也很急，担心经常这样会打击子文的进取心。

可着急归着急，我知道一定要先稳住自己，否则，连家长都乱了阵脚，孩子心里会更没有底了。

于是我故作轻松地不去问成绩，不去理会孩子们手中的试卷，而是转移话题说："赶紧吃饭，看妈妈今天给你们做的油焖大虾，可好吃了。"

"妈妈，我这次又没考好。"子文低下头，羞红着脸说。

"哎呀，考完就考完了，垂头丧气不管用，接下来自己要去做好总结，及时调整。"我边摆放饭菜边轻松地说道，"至于成绩多少并不重要，赶紧吃饭喽。"

我还会故意说些逗趣的话，调节气氛："吃海鲜会变聪明，多吃点，下次肯定考得好！"

我知道，孩子在失利的时候已经很沮丧了，心情是很烦躁的，做家长的首先要给孩子减压。

先给他提供一个轻松的氛围，让他把心平静下来，这个时候，你要是问这问那，会增加孩子的负重感，所以这时候千万不要着急去问成绩，也不要表现出不满或者沮丧。

其次要"避重就轻"，不去讨论和分数有关的问题，把注意力分散到其他事情上去，让孩子从沉重的考试成绩中摆脱出来，去做些开心的事，比如吃顿美味，看会儿电视，或者出去散散步。

我们做家长的都知道，人哪有一直顺风顺水的？又哪有人一直处在低谷？

如果把这一次的成绩放在我们漫长的人生旅途中，它可能就是一瞬间的事。更重要的是，我们是否拥有面对失败的坦然、面对自己的真诚、及时弥补短板的能力以及面对未来的信心。

等孩子把情绪调整好一点，家长再找时机和他分析、讨论这次考试成绩下滑的原因。高中生已经有了自控的能力，他不再是什么都不懂的孩子，家长的这种合理关怀，会让他最快地平复下来后好好思考的。

到了晚上，子文的心境已经平和了后，我坐到子文的身边，询问他是否找到了失利的原因，倾听他的分析，和他一起寻找失利点：到底是因为马虎，还是因为确实不会？到底是因为用功不够，还是因为睡眠不足？到底是因为没认真听讲，还是因为没有好好消化？

总之，我会和孩子一起找原因。

在和孩子探讨的时候，家长一定要多听，听听孩子自己对近一段时间学习状况的分析，万不可在和孩子探讨的时候跟孩子着急，甚至主观地否定孩子，把自己的一些观点强加在孩子身上。

比如，有的家长在和孩子交流时，经常会直接质问孩子："你是不是上课走神了？你是不是做的练习题不够？你是不是这段时间太贪玩了？"

还有的家长会一味地盯着成绩说话："你怎么这次又考这么低的分数？你怎么没有长进？给你报辅导班如何？"

这样的问话弄得孩子心浮气躁、丧失信心，可能会失去和你交流下去的耐心。

我建议尝试用"是否"这个词来给他提一些建议，比如你做的练习题类型是否不够广，你是否应该跟老师多提些问题等。这样，孩子在温暖的交流环境下，会更容易接受你的建议，会踏踏实实地去找问题、找差距。这才是根本的解决问题之道。

遇到挫败的孩子最需要的是安慰和鼓励，就像干渴的树苗急需水的浇灌，或是沙漠中的行人期盼绿洲的出现。

有时，甚至一个鼓励的眼神、一个温暖的拥抱，都足以激起孩子昂扬的斗志和发奋的信心。那么这个时候，鼓励孩子，做他强有力的后盾，才是孩子真正最需要的。

弄明白了这点，我们就能尽快帮助孩子走出低谷。

接下来的暑假，子文和弟弟一起分析、查找原因，改变学习方法，终于在高三开学后恢复昔日的名次，并一直保持到高考。

子豪成绩最不理想的阶段发生在高考前，那是最关键的当口。

当时子豪作为全校第一名，被推荐到北京大学参加自主招生考试，这次考试通过后，会有十分到六十分不等的加分。

北京大学一直是子豪梦寐以求的学府，可考试时，子豪的手表时间与考场时间出现了偏差，打铃交卷的时候，近一页的答题卡子豪都没有填涂。

这么大的失误，导致他失去了高考加分的大好机会。

这次的打击一直影响着子豪。自此以后，他在每次的考试中，不但没有再创新高，甚至再未取得过第一名。

在一模、二模、三模的考试中，他的成绩屡屡下降，越是想尽快摆脱失利的局面，越是次次失利，人也极度焦躁和疲惫，成绩从第一名一直掉到第二十多名……

要知道，每年考上北大的学生也不过几个，要是再这么下去，他就一点机会都没有了。

这时的我，安静地守护在孩子身边，除了默默地把每天的饭菜准备好，就是给他提供充足的陪伴。

终于有一天他爆发了，面对自己成绩的又一次下滑，他愤怒地敲打着自己的脑壳，把桌上的练习册全部摔到地上，拿着椅子上的靠垫，用力地在床上摔打。

我仍是安静地看着他，待他发泄一通后，走过去把他搂在怀里。

他积攒了许久的情绪，终于爆发了出来："妈妈，怎么办啊？我怎么努力都考不好了。"

小伙子像个婴儿似的哭了起来。我安抚着他的脊背，轻轻拍打着他。待他情绪稳定了，我认真地和他进行了一次思想的交流。

这次交流，哥哥子文也积极地参与了进来。

我们一起从自主招生考试到近几次考试，逐次分析子豪失利的原因，不仅从考试内容、听课技巧、近期学习状态等方面进行分析，还分析了考试前后的心理。同时，通过和子文做比对，帮助子豪去改变学习方法。

在哥哥和我的建议下，子豪制订了一系列学习计划。

他不再像前一阵那样疯狂地做习题，而是针对某种类型的题来练习，只要掌握了做题思路，就不再多做。

早晨和晚上他也不再强撑着起床学习或熬夜学习，而是按规律的时间休息，确保足够的、有质量的睡眠。他不再闷头苦学，而是不定时地和哥哥交流学习心得。这一系列的方法对症下药，有效地阻止了成绩的继续下滑。

虽然在高考前，他再也没有考过全校第一，但我仍记得高考的当天，他和哥哥一样规律地起床，吃过早餐后，把高考的用具全都准备好，丝毫没有胆怯和忐忑。

他、子文、我和他们的爸爸，我们四个人的手叠在一起，充满信心地喊出："加油，加油！"

望着孩子们坚毅地走向考场的背影，我的眼泪唰地落了下来。孩子们孜孜不倦的追求，我们日夜相守的陪伴，终于要在今天结果了。

我抬起头，仰望着天空，突然发现空中有一个小黑点，它一直跟着孩子飞向考场的方向。

现在想来，那个黑点应该是一只鸟吧。

当时我很迷信地为孩子们祈祷："小天使，你是来护送他们去考场的吧？保佑他们考试顺利吧。"

与其说是我的虔诚得到了老天的眷顾，不如说是我们坚守在孩子身旁，做他们坚强的后盾，给孩子以莫大的鼓励和支持，使得孩子心无旁骛地考试，得以正常发挥。

最终，他如愿以偿，重新考了全校第一，也终于圆梦北大！

十年寒窗，孩子们会经历很多次起伏，很多次坎坷和困惑，从不谙世事的孩童，到懵懂的少年，再到十八岁的青年，每个阶段他们都像步入一个考场，迎接生活给他们安排的各种各样的难题，只有奋力拼搏，才能为自己交出满意的答卷。

作为陪伴在他们身边的我们，何尝不是迎接着各种考验？

孩子的成长过程中，哪里只是遍地鲜花、满眼彩虹，一定是电闪雷鸣、风雨交加。

我们要和孩子一起经历风雨：孩子取得好的成绩，我们不能骄傲；孩子成绩下滑，我们更不能气馁。

要让孩子始终知道，父母是他们坚强的后盾，无论他们遇到什么困难，父母都会陪伴在他们身边，和他们同历风雨，共渡难关。

十二、高考是场持久战，耐性很重要

我相信，每个做父母的都会期盼孩子有个好的未来，在身心健康的前提下，考个理想的大学，施展自己的才华，在大千世界能拥有属于自己的一片天地。

在我们国家，孩子十八岁之前，他所有的路几乎都是父母给规划好的。

孩子上哪所学校，参加什么样的兴趣班，甚至穿什么衣服，吃什么饭，和什么人交往等，中国式家长都会参与其中并给予指导意见。

即使是开放型的家长，在尊重孩子的想法前，也会给孩子很多引导性的建议。

所以说我们这种传统的教育方式，注定了家长在孩子的成长过程中，一直参与其中并扮演着十分重要的角色。

从某种意义上来说，高考是一场持久战。

作为这场战役的统帅——孩子的父母来说，"指挥"能力决定着这场战役的成败，我们一定要把握好整场战役的节奏。

它需要经过三大战场的储备——小学、初中和高中。每个节点都不容忽视，不能等到最后时刻再临阵磨枪。

　　小学是第一战场，我把它叫基础战场。在这个战场上家长应该注重孩子兴趣的培养，发掘他的个人特性。这个时候的孩子就像一粒种子，你要给它足够的阳光、空气和水，它才能破土而出，茁壮成长。

　　初中是第二战场，我把它叫巩固战场。这个战场更加重要，它是走向胜利的关键部分，在这个战场上家长应该引导孩子端正的学习态度和良好的学习方法，帮助他夯实基础。这个时候的孩子就像一棵成长的小树，我们要不断地修剪它多余的枝杈，保证主干营养充足、笔直成长。

　　高中是第三战场，我把它定位为决胜战场。我们前面所有战场的胜利，都是为了这个战场"最后的战役"——高考。

　　在这个战场上，孩子已经冲到了最前沿，就像那棵成长起来的大树，经过多年的风吹雨打，已经拥有了坚实的根基，枝繁叶茂，足以撑起自己的一片天空。

　　所以说，高考是一场持久战，它考验着我们每个人的耐性，谁能有耐性一步一个脚印地坚持向前，谁就能长成参天大树，取得最终的胜利。

　　在每一个战场都有艰难的对决，作为指挥官的家长，一定要经得住考验，只有我们有耐性、坚强地走下去，孩子才能沿着我们指引的方向一直向前。

　　在这里，我重点说说第三战场——高中阶段。

　　第一，耐性表现在坚定信念上。

　　孩子进入高中，就已经到了备战高考的阶段。有的人说，到了高中，孩子们的成绩基本就定型了，在前面的就在前面了，在后面的别想冲到前面去，因为大家都在前进，超越前面的人很难。

我不这样想，我一直执着地认为，只要你足够努力，超越别人是肯定能做到的事。

子文、子豪的高中入学成绩都排在全校一百名开外，于是孩子们一进入高中，我就跟他们制订了前进的目标——进入年级前八十名，力争进前五十名。

我用我的执着鼓励着孩子们，让他们充满信心地学习。

当第一次月考成绩出来时，子文、子豪很沮丧地告诉我，他们的成绩仍排在一百名以外。

我认真分析了一下，孩子刚进高中，初次离开父母，开始住校生活，这些都是不利于他们踏实学习的因素，不能因为一次考试，就丧失信心。

我将我的分析告诉孩子们，让他们在逐渐适应的学习环境中坚定信念，静下心来踏实学习，不要专注在一次两次的月考上，成绩的提升并不是一时的事，要持之以恒。

孩子们听了我的分析，觉得非常有道理，刚泄下去的斗志立刻又被激发出来，他们带着不服输的勇气和必胜的信念继续学习，终于在接下来的考试中有了起色。

人都是这样，当斗志被激发出来，就会越挫越勇，越战越强。

冲刺阶段，孩子们的竞争更激烈，每天都按分钟计算着宝贵的时间——几点起床，几点吃饭，几点去学校，几乎将一分钟当成两分钟用。

不过，虽然他们几乎将一分钟掰成两分钟用，但是也不会超负荷学习，每天十一点半必会准时上床睡觉，保证充足的睡眠。

因为他们知道，只有保证充足的睡眠，才能在第二天以最佳的精神面貌继续学习。而写在墙上的"北大"两个字，是他们坚定的信念，鼓舞着他们向着这个目标一步一个脚印地前进。

第二，耐性表现在不骄不躁上。

高中时期的孩子都有了上进的欲望，每个人都会很努力很认真，所以成绩的排名在这个时期不稳定非常正常。

可能你这次很努力了，但别人比你还努力，所以在名次上，你反而退步了。但这并不代表你真的退步了，只要你在努力，在超越自己，就是在进步。

不能因为成绩上去了就沾沾自喜，也不要因为成绩下降了就垂头丧气，要始终保持良好的心态。尤其家长，一定要有处事不惊的大将风范，才能让孩子的心态平和。

在子文、子豪成绩波动时，他们每次一回家，我心里都特想知道成绩。但我知道，如果孩子没考好，家长再表现出对分数的期盼，会给孩子造成心理负担。

所以我从不急于去问孩子成绩，我想他如果考好了，会一进门就兴奋地向我汇报的。

而当孩子默默地进门，家长最好是送上一张温暖的笑脸，告诉他赶快洗手吃饭，今天做了什么好吃的饭菜，让气氛轻松下来。

反过来，如果家长在孩子一进门就问孩子成绩，一听考得好就满心欢喜，孩子会飘飘然；一听考得不理想就给孩子脸色或表现出不开心，那孩子会更加不安，更加忐忑。

让孩子带着不好的情绪去学习，是达不到预期效果的。

他们俩在高中都有过辉煌和低谷时期，当哥儿俩交替着连续保持年级第一时，我送给他们的是平淡的微笑，暗示孩子，这是他们正常的成绩，没有什么可以炫耀的。

当一个孩子的成绩跌落低谷、屡战屡败时，我反而会更多地亲近他，用母亲宽广的胸襟温暖他受伤的心，告诉他，没关系，这只是一次擦伤，你必将在磨炼中成长。

第三，耐性还表现在正确的学习态度和方法上。

在子文成绩始终不见起色的那段日子，我看到的子文是最努力的。他每天第一个起床，边晨练边背书，每天学到最晚，在子豪进入梦乡的时候，他还在挑灯夜战，所有能利用的时间，他都不放过，但越是急于求成，越是得不到理想的结果。最后，他不但成绩没有变化，人还熬得很憔悴。

有一天，我终于忍不住了，让他把手里的笔先放一放，叫来在一边学习的子豪，我们一起帮子文分析原因。

子豪认为是子文的学习方法出现了问题，这种高强度的死学，不但不利于成绩的提高，反而会造成上课精力不集中，更加影响成绩。

"可是我着急啊。"子文心急如焚，差点落下眼泪，"我怎么就不行了呢？"

我语重心长地劝慰子文："你的学习态度也有问题，学习可不是一天两天的事，而且学习的重点不是考多少分、考多少名，应该是你对知识的掌握程度有多深。你的成绩没有以前那么好，说明你学得并不扎实，必须踏实下来才行。"

通过沟通，子文采纳了我们的建议：将节奏放慢，按照原有的作息时间学习，保持充足的睡眠，保证第二天课堂上精力集中。

子豪每天会将学习中的关键点，向子文进行提问，一方面自己得以复习巩固，另一方面也让子文加深理解。

我也有工作，每晚负责帮孩子们剪贴文综需要的知识点，节省他们做这些事情的时间，让他们把更多的时间用在学习上。一段时间下来，子文的成绩终于有了提升，他又回到了年级前三名的行列。

第四，耐性还表现在日常的生活中。

孩子的整个学生时代就不用说了，仅高三一年，就有三百余天的时间，这三百余天，想要做到每天平静地度过，也是不容易的。

那么在每天的日常生活中，家长要勤于观察，观察孩子的言行和情绪，一定要将大喜大悲这种过激的情绪压制在萌芽当中，不要等到孩子出现状况了再去参与，这时候就晚了，会影响孩子几天甚至几十天的心情。

你可以采用不同的方式，比如卖萌、装傻逗孩子开心，撒娇、诉说委屈转移孩子的注意力，做孩子的出气筒，让孩子发泄发泄情绪，等等。

切记，千万不要在孩子情绪波动时和他硬碰硬，讲道理也要找适当的时机。

我们成人在工作中，不是也经常遇到有情绪的时候吗？这个时候如果领导再和你顶着说，你是不是也不舒服？

孩子也是一样。

有一次，子文、子豪放学回来，不再像往常那样嘻嘻哈哈、有说有笑地进屋，而是一个在前边噘着嘴，一个在后面喘着粗气，一看就知道两个人闹矛盾了。

“哟，谁惹我家Small two（小二）了？”看到先进门的子豪，我伸手想像平日那样拍拍他的肩膀。

他手一挥：“起来，不是不让你叫我小名了吗？”

在他小的时候，家里人都唤他小二，后来他不让这样叫他了，说是像叫店小二，有时为了逗他，我就改成了英文的叫法。

我一愣，没等缓过神来，子文拽了一下我的衣袖，黑着脸说：“妈妈，赶紧去弄饭。”说完，扔下一头雾水的我，各自回到屋里，关上了房门。

爱人看到这个情景，刚要质问他们俩，我马上捂着他的嘴，把他推到厨房：“没看他们俩情绪不对吗？”

“那也不能这种态度，都是大男生了，不能这么不懂事。”爱人不满地说。

我逗着爱人：“别理他们，他们俩一会儿就好，很快就会跟我认错的。”

果不其然，当香喷喷的饭菜端上桌，他们从房间走出来，都意识到了自己态度不对，一人牵着我的一只手，跟我道着歉：“妈妈，我刚才态度不好，对不起。”

“没事，赶紧吃饭。”我笑着拍了拍他们的手。

一直到现在，我也不知道那天他们是怎么了，为什么情绪不对，但是孩子如果不说，我是不会问的。

家长这种不愠不火的态度，会让孩子激动的情绪稳定下来，当他的情绪平定，他才能处理好他的所有问题。

有人或许会说，孩子这样和家长耍态度是不应该的，应该加以管制。

其实我也有同感，当孩子耍态度的时候，我的心里也是咯噔了一下，心想：这孩子怎么可以这样没礼貌！

但是我知道，他们平日里是很懂事的，不是不尊重家长的孩子。之所以出现这种状况，一定是发生了很严重的事，影响了他们的情绪，否则他们不会这样的。

在这种时候，我们做家长的如果不克制自己的情绪，不体谅孩子的心情，再把他们随意教训一顿，不但不能解决问题，反而会激怒孩子，让孩子更加烦躁。

所以我采取忍耐的方式，先不理他们，让他们自己去反省。等他们发现自己刚才耍脾气了，跟妈妈的说话态度不对了，他们会主动找我认错的。

至于为什么他们情绪不好，就看孩子了，他们如果愿意说，说明他们是想要寻求帮助，我就耐心倾听，帮他们分析；如果他们不提，那说明他们自己会处理好的，我就当什么也没发生过，什么也不问。

毕竟他们已经不是三岁的小孩子了，我们应该相信他们。

只有我们善于化解矛盾，和孩子友好相处，孩子才能轻松上阵，专心学习，不是吗？

那么家长怎么才能保持耐性，陪孩子共赴高考呢？

其一，要常提高自己，多读书，多学习好的教育方法，把别人的经验和自己的实际经历做比对，取其中适合自己的方法；

其二，常自省，多检讨自己做得不足之处，放下架子和孩子真正做朋友，多从孩子的角度去看问题；

其三，自我约束和克制，不把工作中的糟心事带回家中，充分发挥自己排头兵的作用。

作为陪孩子打高考这场硬仗的父母，现在心里有底了吗？

十三、目标过后如何主动进取

我们帮孩子建立了目标，那么接下来就要看孩子自己的努力度了，否则目标再明确，孩子不主动向目标靠近，也是取得不了最佳效果的。

前一段时间很流行一句话，叫佛系心态，就是说当孩子考了八十分回来，你问他考得怎么样，他会告诉你："我考了八十分。"然后紧接着就会跟你说，"好多同学都还不及格呢。"

这就是佛系心态的孩子，他们会很容易满足于现状，虽然知道在他前面有更优秀的人，但他乐于看后面，当他看到后面有一大批不如自己的人，他就会满足于自己的状况，并且沾沾自喜于现有的位次。

这是很多孩子的通病，毕竟天才寥寥无几，更多的都是一样资质的孩子，当这种孩子感觉自己处于中上等水平时，这种佛性心理状态会更严重。

那我们家长就要改变孩子的这种状态，通过有效的方法，激发出孩子潜在的能力，让他主动动起来，更快地向目标靠近。

我认为激发孩子的主动性可以分三步走。

第一步，树立信心，瞄准榜样。

把孩子目前的状况，跟孩子一起做个详尽合理的分析，包括他现阶段在年级和班级都是什么水平，曾经达到过的最好和最坏的成绩是多少，比他强的同学的优势有哪些，他跟他们比是在哪个学科上有明显的不足，在哪些方面比他们还有潜力，能够超越他们。

通过认真分析，给他一个发愤图强的理由——我还能超越谁，那就把这个人作为超越的对象，朝着超越这个人的目标努力。

这个分析很重要，尤其是对于在过去的学习阶段取得过进步的孩子来说，这点做起来就会很容易，会帮助孩子很快树立信心，瞄准榜样。

对于学习一直平稳，没有什么起伏变化的孩子，家长就要更用心一些。千万不能一看孩子自满的样子，并且没有达到家长的预期，就火冒三丈，用语言去刺激孩子，责怪他安于现状，不思进取，这样会严重打击孩子，让孩子失去自信。

我的邻居家有个小姑娘，有一次她妈妈有急事出去，把孩子托付给我照看一天。我原来一直以为这是一个无忧无虑的快乐女孩儿，她特别聪明伶俐，一口一个阿姨，嘴甜得让人非常喜欢。

我放下了手头的工作，陪她在家玩拼图，跟她出去逛超市买零食，甚至和她一起做着小孩子们爱做的游戏，我自己认为很幼稚，但小姑娘玩得非常开心。

晚饭的时候，我接到她妈妈打来的电话，说一会儿会接她回家。这时候，女孩儿垂下眼帘，很落寞地说："我妈妈要是像您就好了。"

我笑着抚了抚她的头："你妈妈很爱你啊，她今天已经打了四次电话问你的情况呢。"

她突然很调皮地笑着问我："阿姨，您妈妈像您这么好吗？她是不是都没有打过您？"然后又低下头，噘着小嘴说，"我知道我妈妈很疼我，但是她总嫌我学习不好，还打我，我要有个您这样的妈妈多好啊。"

"不会吧，像你这么聪明的孩子，学习成绩肯定不会差啊。"我说道。

"是的，其实我学习不错的，我每次考试都差不多排年级二十名呢。"小姑娘自豪地跟我说，接着她又马上黯然地揉着衣角，"但是，我妈妈就总骂我笨，还打我。"然后她慢慢抬起头看向天花板，疑惑地自语道，"我是不是真的很笨啊？"

看，平时多么活泼的一个孩子，在家长的重压之下，渐渐失去自信，这个孩子的家长如果再不改变做法，继续用言语和行为的暴力打击孩子，即使含苞待放的花朵，也会迅速凋谢。

后来我找女孩儿的妈妈谈了一次，跟她阐述了我的理论，让她不要只盯着分数和孩子每次考完试的名次，要跟孩子一起树立信心，在名次靠前的同学中，找准一个追赶的目标，哪怕是前进一两名呢，也要肯定孩子，告诉孩子她是最棒的，以此来增加孩子的自信。

当一个人感觉到了别人的肯定，尤其是他认为很重要的人的肯定，那这个人一定会受到极大的鼓舞，他会用百倍的信心去努力。

孩子更是这样，你越夸他，他会越来劲儿。

这个女孩现在是我们省重点中学的一名优秀学生，基本能占据学校的一个保送名额，她和妈妈相处得也非常融洽。

再碰到她的时候，我再也没有看到过她黯淡的目光。相反她是那么热情、自信，充满阳光。

第二步，当面奖励，幕后推动。

当面奖励应该很好理解，就是说当孩子攻克了一道难题，当孩子找到一个好的学习方法，当孩子给我们提出一个有益的建议，甚至是当孩子帮我们做了一次家务、帮邻居取了一个快递、帮爷爷奶奶买了一瓶酱油，只要是任何方面的进步，不管它多么微不足道，我们都要适时地当面给孩子奖励。

这个奖励可以是一个微笑，可以是一句赞美，可以是一个小小的礼物。

当孩子在你这里得到了认可，他就会有一种自豪感，会对自己的行为和做法非常满足，从而得到激励去争取更大的进步，去获取更多的满足感。

幕后推动指的是，我们做家长的要始终站在孩子的身后，默默地去引导他、支持他、鼓励他，而不是你站在孩子前面，牵着孩子走。

子文、子豪报考的高中，是全市的重点中学，进到这个学校的孩子，个个都是学习强手。

他们入校考试的成绩排到一百多名，开学没几天，老师让同学们自愿报名当班干部，他们俩回到家征求我的意见："妈妈，我们参加班干部的自我推荐吗？"

我立刻回答他们："这要看你们自己的想法了。"我把问题又抛了回去，没有给出我的意见。

他们俩相互看了一眼，跟我说："那我们俩自己商量商量。"然后搭着肩膀回到了他们自己的房间。

几天后，他们告诉我，他们班的班干部都选出来了，没有他们俩，因为他们俩放弃了竞选。

子文问我："妈妈，你不会不高兴吧？"

其实我内心是希望他们俩能当班干部的，那对孩子是一种历练，并且做家长的也会觉得很自豪。但是既然让孩子自己做主，就要尊重孩子的选择。

"能不能跟妈妈说说你们是怎么想的？"我微笑着注视着他们，鼓励他们跟我说说自己的想法。

子豪嘴快："妈妈，我们俩是这么考虑的，你看现在我们俩都名列年级一百多名，成绩不理想，再加上高中学习难度更大，如果再不加把劲儿，我们俩会让同学们落下的。"

子文接着说："我们想先集中精力在学习上，等我们把学习成绩提上去，再帮班级做更多的事。"

我觉得他们说得有道理，就赞同地点了点头。

但是，我没有告诉他们我又去了趟学校，见了他们的班主任老师。

因为我认为，孩子的成长不仅仅是学业上的提升，更应该是全面发展。如果孩子的成绩提升上去了，有机会还是要让孩子为班级、为学校做点什么，这样才能让他们的思想和行为不仅仅局限于书本，才能让他们拥有更加开阔的视野。

到了学校，我和班主任老师做了一次长谈，将孩子在初中期间的表现、入学考试的成绩、竞选班干部的想法，同老师做了一次深入的沟通，让老师在尽快了解孩子的同时，引起老师对孩子的关注，这样，与老师一起承担起教育好两个孩子的责任。

后来通过一个学期的努力，他们俩的成绩突飞猛进。高一的下学期，改选班干部的时候，他们踊跃报名并双双入选，还参与了学校学生会和文学社的工作。

第三步，形成习惯，轻松散养。

当孩子瞄准了方向，取得进步时，我们的认可和赞许会给他增加莫大的自信，激发他向下一个目标奋进。

久而久之，这种积极向上的动力会形成一种习惯，引导着孩子攻克一个又一个难关，他会越来越有激情和斗志，渐渐地就会养成做任何事都会主动进取的习惯。

现在，当有人问我是怎么样把孩子培养得这么优秀，如果身边有我的同事，他们一定会抢着回答："哎呀，这哪是她的功劳，她都不怎么管孩子，有时候我们经常被孩子气得大发雷霆，但是就从来没见她家孩子让她着过急。"

其实，哪有那么听话的孩子？尤其是男孩子，"折腾"简直就是他们的天性。

从幼儿园到高中，子文、子豪也和同学打过架，也被老师叫过家长，也被邻居找上门过，我觉得孩子如果什么状况都不出，那简直是天方夜谭。

我无非就是关注他们那些关键点，比如坚决不能说谎，必须按时完成作业，杜绝沉迷于网络游戏，不能早恋影响学业等。

我觉得只要把控好孩子成长各阶段的关键点，其他的就让他按着自己的习惯去生活和学习，你就可以轻轻松松当妈妈了。

因为孩子在上中学时，做事已经有了可控性，只不过这种可控性不是掌握在父母手中，而是由孩子自己掌控。原则性的问题，你帮他把握好了，就不会出大问题。我把这叫作"散养"。

当然我所说的散养，并不是完全不管，而是在我们给孩子规范了一定的行为准则且让他们已养成习惯后，适度地放开手脚。

比如说，刚刚学步的孩子，你要告诉他慢慢走，走平坦无障碍的地方，然后就放手让他去走好了，不要总怕他摔跤，摔跤是他学会走路必修的课程。

比如说，孩子上初中，你要告诉他不要早恋，要把心思用在学习上，那他就正常地和同学交往好了，你总不能天天跟在孩子身后，盯着他都和哪个女生在一起吧？

再比如，到了高中，孩子的思想日渐成熟，那我们就多观察、少说话，只要不是原则性的问题，就让孩子自己去处理。

我始终相信，孩子的每一次跌倒都不是白白经历的，它一定会是一个经验，会让他受到一次启发，提醒他下次路应该怎么走。

十四、降低结果论对孩子的影响，过程比结果更重要

未来的社会是一个多元化发展的社会，对人的评价也不仅局限于某个结果。

孩子的成长也会随着社会的发展，有着更多的不确定性，这就使得孩子在成长的过程中，要更多地具备良性素质，具备能够在更长的时间维度里处理好事情的能力。

好的过程，往往结果不会差。好的结果，也一定需要一个扎实的过程。

在整个过程中，帮助孩子怎样把握好那些规律性、方向性的东西，排除那些不利的因素，通过克服困难、解决问题使孩子得到成长，是我们每个家长需要思考的问题。

要让孩子学会享受过程，首先要培养孩子执着坚毅、永不言弃的品格。

我们每个人做事，都没有一帆风顺的，总会碰到这样那样的难题，在困难面前勇敢前行者，才是有可能到达终点的人。

高中时期的孩子学习压力大，竞争也非常激烈，稍有懈怠和迟疑，

就会被别人赶超。子文、子豪面对刚入学时一百多的排名成绩，也曾迷茫过，他们知道自己与名校之间的差距有多大。

我就经常利用他们放松的时候，跟他们讲一些名人的故事，用这些鲜明具体的例子，来激励和鼓舞他们的斗志。

我记得有一次我给他们讲奥斯特洛夫斯基，讲他小学毕业后，因家境贫寒辍学做工，十五岁上战场，二十三岁双目失明，二十五岁身体瘫痪，在失明和瘫痪中，创作了不朽之作《钢铁是怎样炼成的》。

后来他们自己去买了这本书，读完后把它一直放在书柜的显眼处，我想，那是他们激励自己的一种方式吧。如果没有坚定的信念、执着追求的信心，他们俩又怎么会站到胜利的终点？

要让孩子学会享受过程，其次要设定明确的目标。

在预计孩子要得到什么结果前，一定要目标明确，让孩子知道自己想要做什么，只有明确了目标，向这个目标前进的步伐才是积极的，过程也一定不会太差。

反之，家长总是批评孩子上课不专心听讲、不认真写作业、考试成绩不理想，那孩子还能有足够的信心和饱满的热情去学习吗？

如果孩子消极对待学习，学习的过程肯定也是痛苦的，学习的结果就可想而知了。这里要切记，这个目标的设定，一定要家长和孩子一起去完成，或者让孩子自己去设定，因为它不应该是家长的目标，它是孩子的。

有一位妈妈非常好强，在单位就是个女强人，她的女儿长得很秀气。从小她就让孩子学钢琴，学画画，学舞蹈，在上学之余，还给孩子报了各种补习班。她家孩子没有和同龄的孩子一起在院子里追逐过，每天的时间都被各种补习班占满了。

孩子应该是很痛苦的，当孩子上中学的时候，这个各方面看着都非常优秀的孩子抑郁了。

这就是适得其反，这个家长不仅是欲速则不达了，而且是给孩子过大的压力，影响了孩子的成长。

要让孩子学会享受过程带来的快乐。

我们都希望自己的孩子成为天之骄子，家长都愿意让孩子各项考试取得第一名的成绩。

其实孩子要取得骄人的成绩，需要具备一定的天赋，那些出类拔萃的人毕竟是少数，据说天才几百年或千年才会有一个。

如果不出意外，我们的孩子终将平凡，他会和我们一样，成为一个实实在在的普通人。

所以我们要接受孩子的平凡，接受不太尽如人意的结果，但这丝毫不影响我们引导着孩子向更高的目标奋进。

登上顶峰，一览众山小固然让人自豪，但攀登的过程中，你所经历的一花一草、一人一物，又何尝不是美好难忘的记忆呢？

小时候，朋友送给子文、子豪几只蚕和一些桑叶，告诉他们好好养着，蚕会吐丝。他们养了两天，发现蚕不吃东西了，并且身上开始蜕皮。

"妈妈，蚕是不是要死了？"他们问道。

"妈妈也没养过，咱们可以去看看科普书上是怎么写的。"我引导着孩子的思维。

"好的。"孩子饶有兴致地点头同意。

周末，孩子就吵吵着让我带他们去书店，翻阅了百科全书，从中获知蚕是有眠期的，这时的蚕是不吃东西的，它的整个生命周期很短，经历幼虫和五龄期后，熟蚕就开始吐丝结茧了，破茧后会羽化成蚕蛾，去繁殖下一代。

"这么神奇啊。"孩子们感慨地说。

他们每天都去观察蚕宝宝的变化，用事实去印证从书本中获得的知识。通过养蚕，孩子们既学到了知识，也在养蚕的过程中收获了快乐。

我们不仅要激发孩子探索事物的兴趣，引导他求知的欲望，使他在成长中不断超越自己，而且要始终陪在孩子前进的路上，给他加油，为他喝彩。

向未知的结果努力的过程，更应该成为孩子最值得珍惜的回忆。

子文、子豪的高中时期，他们从第一百五十名到第一百二十名，从第八十名到第十七名，从第十七名到第一名，每跨上一个新台阶，我们都一起庆贺过。从普通高校到重点高校，再到北京大学，他们每一次接近目标的畅想和喜悦，现在都让他们回味无穷。

我们知道了过程的重要性，又该怎样降低结果论对孩子的影响，让孩子保持良好的心态呢？

现在的妈妈们都知道科学的重要性，在孕育孩子前就已经做了大量的准备工作，购买许多有关孕前、胎教、早期教育的图书，年轻妈妈们更是在一起交流着大量的育儿心得，比如尊重孩子的想法、赏识教育等。但是当他们一看到孩子的学习成绩不理想，劈头盖脸就是一顿"语言棍棒"。

"你的脑子里都是糨糊吗？这么简单的题都不会做。"

"告诉过你多少次了，要好好审题，你怎么又没考好？你真是太笨了。"

"不好好学习，以后你去喝西北风吧。"

"你看人家，每次都比你考得好，你就不能多用用心在学习上，以后电视一次也不许看了。"

诸如此类的话，你说过吗？

我没有说过，即使在孩子小学阶段成绩平平的时候，我也没有用犀利的语言刺激过孩子。

孩子是有荣辱心的，他也想把事情做好，考个好成绩回来，得到家长的夸奖，得到周围人的羡慕。

谁不想听好听的，我想每个孩子都尽力了，如果他们成绩不理想，一定是哪个环节出现了问题。

我们要做的重点是帮助孩子找问题、解决问题，把成绩提升上去，而不是只盯着结果。

连骂带损地打击孩子，会让孩子恐惧考试，失去学习的兴致，甚至形成扭曲的性格。这样适得其反，更不利于学习成绩的提高，还把孩子推到"痛苦学习"的过程中。

正确的做法是：

忽视分数，看孩子的学习状态。

不要只看考多少分，要看孩子是否在努力。

我朋友的孩子上高中进的是省重点，这里人才济济，由于成绩不佳，他没能进到重点班。当时很多人都劝他找找人，给孩子调个班，他来问我该不该求这个人情，我对他说了一句话："是金子在哪儿都发光。"

因为我觉得，别看这孩子在高中进的是普通班，但他非常阳光，即使谈到学习成绩，也是笑呵呵轻描淡写的，可是在跟他谈古论今的时候，他滔滔不绝，满腹经纶。

而且他的目标就是清华北大。

所幸他的父母也是非常懂得欣赏孩子的家长，和他们在一起，我能看到他们赏识孩子的目光。

高三时期，我很少见到这个孩子，听他妈妈讲他在冲刺阶段，全身心地投入学习，状态非常好。

家长劝他每周末回家休息两天，他都说还有好多试卷没有做完呢，不回家了，即使回来，也只是洗个澡，吃顿家里的饭菜，就匆匆地赶回学校。他们想孩子就去学校看他，问他累不累，他说："有时候也感觉挺累的，但是解出了一道难题还是很兴奋的。"

孩子完全沉浸在学习的快乐之中。

这孩子的状态我就说错不了，果然去年他考入了清华大学。

寻问题的根源，找解决的办法。

我前面讲孩子们大多平凡，但不是说平庸。

那么除去天生奇才，在同一起跑线上，为什么有的孩子能进清华北大，有的孩子能进全国重点，有的孩子只能进普通高校？

应该还是方法问题。那么要想得到好的解决问题的方法，就要先找到问题的根源。

吉德林法则告诉我们：把难题清清楚楚地写出来，问题就解决一半了。找出症结，不盲目行动，有针对性地处理，才是直接有效的。

我们不妨把问题都罗列出来，比如：近期你要达到的目标是什么？制约这个目标达成的因素有哪些？通过努力，我们希望得到的结果是怎样的？我们需要怎么做？

把这些问题都摆出来，然后我们一步步分析，从目标出发，需要做好哪几项关键点，怎样去实施。

比如，子文、子豪没有像大多数孩子那样，参加过英语辅导班，他们对英语的学习，主要依靠的是课堂上老师的传授。那段时间，他们俩的英语水平在班级始终处于中等水平，严重影响了总成绩的提升。

尽快将英语成绩提上去，成为他们努力的目标。

我认为，底子薄，拓展差，缺少课外训练，这些因素是他们英语成绩不突出的主要因素，为此我给他们提出了三点建议：每天多背十个单词，增加词汇量；在家用英语交流，创造英语对话的学习环境；休息时，看一些外文电影，增加听力的训练。

通过一段时间的积累，他们的英语成绩逐渐有了提升，而且也养成了英语对话的习惯。现在，他们也经常用英语对话，我知道那也许是不想让我听懂的"悄悄话"。但是这种训练，确实让他们很受益。

怀揣希望，在过程中不懈地努力。

每个孩子在求学的过程中，都会面临无数次的考试，到了高中阶段，考试更是如家常便饭。孩子们的成绩虽不会像过山车那样大起大落，但学习的过程一定不是一帆风顺的，肯定会有波澜起伏。

即使子豪的成绩曾连续八次稳居班级第一，且遥遥领先，他仍然在关键的一模、二模、三模中连续失利，以致他也曾低落、迷茫。作为家长，我也替他着急，但是那又怎样？孩子只能咬紧牙，坚持住。一切看似无法改变的结果，终会在不懈努力和坚持中，奇迹般地发生变化。

那段时间，我从不问子豪的成绩，我从他信心满满地走出家，到回到家默不作声中，已然知道答案。于是每次我都微笑着抱抱他，给他一个坚定的、充满希望的目光，我坚信他能行。

我不问结果，只愿他遵循内心，不断前行。只要他遵循内心的声音，一步步接近目标，可能时间会很久，过程会很艰辛，但只要坚持住就会有希望。人在低谷的时候，可能迎来无数次的打击和挫折，这是命运在考验你，只要你坚持一下，再坚持一下，就能迎来光明。

子豪照常坚持着自己的作息时间，完成每天的学习计划，从未松懈，最终他迎来了高考的胜利。

泰戈尔说过：“天空不留下鸟的痕迹，但我已飞过。”

当我们在崎岖的上山路上前行时，请专注当下，不要忽略路边灿烂的山花和蔚蓝的天空，至于结果，那一瞬的成功和掌声就留待明天吧。

十五、同样的错误只犯一次

孩子的成长过程是一个不断学习的过程。

他总会碰到各种各样的问题，在他人的帮助下，或在自己的努力下，他会找到解决问题的方法，并在成长的过程中慢慢地积累经验。

在这一积累的过程中，好的方法需要保留和完善，坏的方法一定要避免和摒弃。那些曾经犯过的错误，要避免再次犯，尽量做到同样的错误只犯一次，只有这样，孩子才能沿着正确的道路，快速健康地成长。

我秉承着孔子"不贰过"的理论，在生活和学习两方面，都注重引导孩子，从身边的实例入手，吸取经验和教训。

尤其是当我发现孩子身上的错误时，马上让他予以纠正，并告诫他：自己要和自己比，同样的错误只犯一次，以此来约束自己，这样才能不断进步和提升。

在生活方面，我始终奉行先学做人，后学做事。

我认为要想让孩子成为有远大理想和抱负的人，首先要让孩子成为一个品行端正的人，这点至关重要。

所以从孩子小的时候起，在说谎、骂人、打架、偷窃等行为方面，我管理得非常严格，坚决不允许孩子在这些方面犯错误。

　　偶然有一次，我听到他们不知从哪儿学来的骂街的口头语，我马上放下手里的家务，把他们俩叫到跟前，严厉地责问道："从哪里学的骂人话？"

　　孩子们对我的"大惊小怪"非常不理解，不在意地说："我们没骂人，男生都这样说话。"

　　但是我告诉他们："有教养有素质的人，决不会说话带脏字。如果你们现在不改，慢慢就会养成习惯，将来即使你们能从高等学府走上社会，出言不逊也会让你们的形象大打折扣。"

　　最后我严肃地强调："这是个严肃的事儿，在妈妈这里，坚决不想再听到你们说脏字。你们俩以后互相监督，谁也不能再说脏字，谁再犯类似的错误，我就要处罚谁。"

　　孩子们见我态度非常坚定，也高度重视起来。从此，至少在家里，他们从未再说过带脏字的话。我想，这也应该会成为习惯吧，相信他们在外面也一定不会再说的。

　　如果说，生活上的问题我们发现了，会有纠正和帮孩子改正的机会，但是学习方面就不一样了。

　　学习上，错就是错，对就是对。即使你知道错在哪里，修正了错误，那个卷面上的"×"也是永远改不了的，唯一补救的方法就是，下次不要再犯同样的错误。

　　所以家长在重视孩子品德教育的同时，一定要重视孩子在学习方面的错误，发现问题，必须纠正，决不姑息。

　　讲一个反面的例子。

　　子豪小的时候，有马虎的小毛病，不是忘了标声调，就是忘了做验算。因为子豪的这个毛病不是经常有，再加上他成绩一直是稳步上升的，所以这方面我就大意了，没有足够重视，结果差点让这些小错误改变了孩子的一生。

中考的时候，他充满信心地向状元冲刺，考完数学回到家，自信满满地跟我说，考题对他来说很简单，他很早就做完了，偷瞄了一下四周的同学，都没他答得快。

因为知道他有马虎的毛病，我担心地问他："那你有没有好好检查一下，都做得对吗？"

他拍着胸脯自信地说："您就放心吧，我比他们都做得快，检查了两遍才交的卷，没问题的。"

等成绩出来，他的分数比哥哥少了一大截，从未有过的低分。他认为不可能，这连平常的成绩都没达到，肯定是哪里出了问题。

他不服气地找到学校，请求老师给予核查。老师也认为不可能，通过学校找到了教委。最后，核查的结果出来了，卷子判得没有问题，造成他低分的原因是，卷子他只做了一面，卷子背面的题他都没有做。

怪不得他比别人都答得快，怪不得他有时间把所有题目都检查了两遍。原来他粗心得没有发现卷子的背面还有题呢，他都没有做，分数能高吗？

这是一次不小的打击了吧，但是就因为没有从小重视他马虎的习惯，致使后来他在另一次重要的考试中，又一次得到了惩罚。

那是在高考前，全校唯一一个去参加北大自主招生考试的机会，落在了他的身上。这可是一次非常珍贵的机会啊！参加考试的同学，将会得到高考加分的机会。

要知道，高考成绩的每一分都十分重要，少考一分，就可能与北大失之交臂，得到加分的机会是多么难得啊。

但就是他这马虎的毛病，再一次给了他几乎致命的一击。考试前，他没有校对手表时间，导致考试结束的铃声响起时，他还有将近一半的答题卡没有涂完，他急得掉着眼泪哀求监考老师，但试卷还是被监考老师按要求收走。最后的考试成绩也是可想而知。

考试前，我们千叮咛万嘱咐，让他一定要细心，一定要细心，最后还是败走麦城——他失去了北大加分的大好机会。

虽然最终他顶住了压力，高考以全市第四名的优异成绩，被北大录取，但是因为错失了加分，让他与第一名无缘。

可见，孩子在学习方面的问题，如果不尽早予以纠正，将是多么大的隐患啊。

那么要想让孩子同样的错误只犯一次，我们要注意以下几点：

第一，要找到错误的根源，下次才能不再犯。

就拿孩子马虎的问题来说，马虎的根源肯定不止一个。

子豪的马虎源于他学习成绩好，他因为能够理解老师课堂的讲解，能够顺利地独立完成作业，能够较为轻松地掌握基础知识，所以造成了他没有踏踏实实地去考试，轻视了考题。

也因为他学习好，不是每次都马虎，造成了我没有更多地重视孩子的这一毛病。我和子豪的马虎根源就是"轻敌"了。

那么马虎的孩子，还有许多其他根源：有的孩子是因为不专心，上课不专心，写作业不专心，考试不专心；有的孩子是因为紧张，上课学得挺好，一考试就紧张，总有失误；有的孩子可能就是不会，说自己忘记答题了，马虎了，实际根本就不会答。

家长只有及时发现孩子的错误，准确找到他错误的根源，帮助孩子从根本上纠正错误，才能避免孩子再犯同样的错误。

第二，引起高度重视，要认识到修正错误的必要性。

子文、子豪在小学期间，就养成了九点前准时上床的好习惯。上中学后，因为课程的增多，他们九点半才能写完作业，十点上床休息。

但是有几次，我发现他们要十一点才熄灯。原来他们是在和同学通电话，聊学校里发生的事儿。

聊天影响了他们做作业的进度，导致晚上休息的时间延后，第二天他们就懒得起床，总要赖到不能赖的时间，才匆匆起来，饭也来不及好好吃，就赶往学校了。晚上，我在吃饭的时候提醒他们，拖延写作业的时间影响正常休息，这是错误的做法。

孩子们听完，虽然没有反驳我的意见，但是他们从思想上根本没拿这当回事，他们不认为这是错的，用他们的话说："不就是打个电话吗？又不是天天打。"当他们存在这种思想的时候，他们下次打电话还是不会自我节制，因为他们在潜意识里就没把问题当问题。

不把打电话当问题，他们就不会想到要去改正，更不会想到下次要避免。

当我又一次发现他们因为打电话拖延了做作业的时间，我给他们提出了警告："妈妈不限制你们和同学交流，但你们要学会控制时间，保证不影响按时完成家庭作业，能够按时上床睡觉，保持充足的睡眠，这样第二天才能精力充沛地去学习。"并且告诉他们："和同学交流的事，可以放到课间，即使有着急的事需要晚上交流，也没必要过长，必须保证每天晚上十点关灯睡觉。"

孩子们听出我强硬的语气，才意识到这是个问题，可能自己做错了，妈妈生气了，下次也就不再犯这种错误了。只有引起他们的注意了，让他们认识到要改正错误了，这个错才能真正改掉。

第三，要有自控力，对自己严格要求。

有很多时候，不仅是孩子，就算是我们成年人，想要改变一个坏习惯，都是很难做到的。这需要我们有强大的自控能力，成功者善自控，失败者爱放任。

像我们身边很多的减肥者，每每下很大的决心，到头来，减肥成功的寥寥无几。因为什么？就是因为缺少自控力，总是放任自己，今天就吃一点，到了明天又放任自己，再吃一点，这一点一点，就使减肥计划成为泡影。

子文、子豪有一阵子，在数学题上总有失误出现。他们常常懊悔自己："又做错了，不长记性。"为了长记性，他们规范自己的行为，给自己下了个狠招："再犯同样的错误，就罚同类型题做三个，并免去一天的零食。"

这个办法很奏效，通过一段时间的训练，他们的数学成绩提高很快，基础知识扎实了，常犯的错也减少了。

第四，善于归纳，有错就改。

孩子们小的时候，我家里有个小黑板，上面有子文和子豪的名字，后面是小红花的朵数。

放小黑板的桌子上有张大纸，画的是表格。

横向是日期，从1号到31号。纵向是内容，分别是按时早起、学校表现、完成作业、做家务等近十项内容。每天我都会在睡觉前，按项目给他们打分，得分高的奖励一朵小红花。

每月底，我会给予得小红花多的孩子一定的奖励，比如买个新文具，奖励个小礼物。

这种方法有益于孩子养成良好的习惯，纠正错误的行为。

中学以后，这种分类纠错的方法体现在他们的学习上，就是他们自己会有一个纠错本，在不同的地方设置标签，标注上不同的学科。

孩子把经常出现的错误点归纳在一起，考试前顺一遍纠错本，会加深正确答案的印象，降低再次犯错的可能性，对学习十分有益。

第五，分析原因，找到改正错误的方法。

总犯同样的错误，是因为每次犯错，你都只把它看成一件小事，弱化它的后果。尤其当你碰上大家都容易出错的点，就会认为大家都犯的错我也犯，很正常。这种自我原谅会导致你不去深挖错误的原因、吸取教训。

实际上我们犯错不可怕，可怕的是在自己身上犯同样的错误。

子豪在高考前的摸底考试中，其中一道数学大题，他在草稿纸上计算的时候没问题，在试卷上做的时候，小数点前移了一位，但是他检查的时候，没有再次进行验算。

这种错误导致的丢分是很冤的。他及时地对自己的错误进行了分析，得出结论：除了马虎大意，减少验算环节是导致错误的重要原因。

高考的时候，他认真对待每一道题，每道题他都进行检查和验算，最后考了满分一百五十分的成绩。

孩子们在思想上把错误重视起来，自己跟自己比，发现问题，自我剖析，自我反省，"吃一堑，长一智"，长此以往，错误的问题就不会重复地出现在他们身上了。

十六、学霸不是天生的，
用小的进步刺激更大的学习热情

经常有人问我，你家孩子是不是特别聪明，天生的学霸？

我都是这样回答："或许有天生的学霸，但我儿子不是。"

你可能仍不相信地问："不是学霸怎能考上北大？"

如果我告诉你，他们曾经在一年级，因为表现不好，被老师退到了学前班，你还会说他们是天生的学霸吗？

如果我告诉你，他们小学期间很少考"双百"，成绩基本是在中等水平，你还会说他们是天生的学霸吗？

如果我告诉你，子文是以班级倒数的成绩进的初中实验班，子豪的分数低于初中实验班录取线，进的是普通班，你还会说他们是天生的学霸吗？

如果我告诉你，他们考进高中的名次在百名开外，你还会说他们是天生的学霸吗？

是的，这就是他们俩，被北大双双录取的"学霸"在十年寒窗中的以往成绩。

那么他们俩是怎样从各个阶段的中等生，最终考取了北大的呢？

我觉得主要是他们在读书的每个阶段都能从自己的实际出发，明确目标，认准方向，扎扎实实地、一步一个脚印地前进，积跬步，汇小溪，用小的进步刺激更大的学习热情，从而取得最佳成绩。

先说小学。

小学时期，相对于漫长的求学之路，是个相对轻松的时期，孩子在这个时期，收获最多的应该是快乐。

偏偏有很多家长，从孩子一上学就开始紧张，生怕自己家孩子落后于别人家的孩子，所以把心思全花在孩子的身上，时刻担心自己的孩子能否考双百，能否在班级排前列，是否在某一学科表现突出，成为老师嘴里的好学生。

孩子还未尝到学习的快乐，就在家长的引导下，报名参加各种文化补习班。

为了增加孩子的才能，美术班、舞蹈班、乐器班，只要孩子不反对的兴趣班，家长都会带孩子去参加。一到周末，孩子和家长都忙得不亦乐乎。

当孩子在某一领域得到了别人的羡慕和夸奖，家长就心里美美的，得到满足。

其实，我觉得，孩子毕竟是孩子，他的童年就那么短暂，在这个短暂的时光里，孩子应该是无忧无虑的，开开心心的，自由自在的。

做家长的不应该为了自己的那点小虚荣，让孩子过早背负上"学习"的重担。

我没有要求过孩子必须或者考"双百"，必须考前几名，我认为孩子的成绩能跟上就好，主要是学习的态度和习惯好就够了，当他想发奋的时候，有良好的学习态度和学习习惯，成绩提高上来根本就不是问题。

所以孩子们上三年级前，我把重点放在了孩子们的学习态度和学习习惯的养成上。

小孩子都贪玩好动，一放学就像鸟儿出了笼一样快乐。每次接孩子回家的路上，我都要和孩子聊聊学校发生的事，在聊天的过程中，我会灌输给孩子，为什么要学习以及学习的重要性，让他们从小对学习有个正确的认识。

回到家，孩子们首先要做的事就是把家庭作业做完，做完了才能出去玩或做其他事情。

开始的时候，我喊他们写作业，他们都是极不情愿地坐下来，东张西望地写作业。这时候我就换个角度表扬他们，比如字迹工整、独立完成、答案准确等，告诉他们："你真棒。"家长的表扬会让孩子很有成就感，孩子就会更努力地去做好家庭作业。

慢慢地，他们一到家就会先去写作业，良好的习惯也就养成了。

当孩子到了四年级，这时候家长就要注意了，孩子的关键期，也可以说是转折期来了，这时候的课程会明显加深，难度会增加，孩子在学习上的挫折也会随之而来。

这时候，家长就要特别关注孩子的学习状态，让孩子克服畏难情绪，激发孩子学习热情。

我记得子豪在这个时期特别畏惧上数学课，尤其是对相向的两个列车给出前提条件，让计算出它们的距离或速度差这类题目他经常算错。

针对这个问题，我和爱人做好分工，每天我负责家务，他负责给孩子辅导作业。

他针对子豪的问题，特意从书店抄录一部分习题，每天给孩子们检查完作业后，拿出一两道练习题对子豪进行训练，加深对此类题目的理解和熟悉。通过几天的训练，子豪从开始的困惑到逐渐掌握了答题技巧，答错的次数越来越少，到最后完全掌握了此类题型的变化。

这小小的进步，不仅使子豪克服了畏难的情绪，也让他从战胜困难中收获了快乐，增强了信心，激发了他更强烈的学习热情。

初中阶段。

都说初中二年级是关键点，我觉得，孩子从一升入初中就要不放松。这时候的孩子思想非常活跃。学习上稍一松懈，他的成绩就会一泻千里，后面的同学很快就会赶超上来。

有很多这种例子，很多孩子在小学明明是尖子生，一上初中，学习成绩下滑，然后就一路下滑，到最后连普通高中都考不上。

所以说，一进入中学，家长就要注意了。

随着初中课程的增加，孩子们肯定会感受到学习的压力。

我们一方面给他们减压，一方面盯紧他们的学习成绩。

比如，我在他们开学前，先将初中一年级的全部课本借到手，并不是给孩子补课，而是让孩子自由翻阅，让他对将要学习的各门学科有个大概的了解，包括接下来的学习都有哪些科目，每科的内容都是什么样的，让他直观地看一下，好有个思想准备。

正式开学后，因为他们的成绩不是很好，我就跟孩子一起，对他们的现状做了个准确的定位：他们的成绩在班里排第几名，每科成绩怎么样，哪些科是强项，哪些科是要重点攻克的弱项等。

通过准确的定位，我帮他们明确自己的站位，然后和他们一起制订下一步奋斗的目标。

这种目标激励法，一定要切合实际，切忌跨越式制订。俗话说，心急吃不了热豆腐，目标制订得过高，会降低人的成就感，减少人的奋斗热情，可以找就近参照点，让孩子能"跷跷脚，够得着"。

子文当时是以班里倒数第三名的成绩进的实验班，全班五十名同学，他排四十七名。我当时跟子文制订的目标是前进八名。

第一次考试下来，子文的成绩排到了三十五名，这个成绩的取得极大地鼓舞了子文上进的自信心。

子豪也不例外，他虽然在普通班成绩不错，但总排名是百名开外，第一学期，我们一起制订的目标是让他进年级前一百名，他做到了。

因为目标制订得合理，所以达到了预期效果。

也正是这小小的进步，坚定了他们的信心，激发了他们的斗志，孩子们的学习热情被充分调动起来。

这以后，我们不停地制订着前进的目标，就像爬楼梯一样，迈上一阶，再迈上一阶，直到顶点。

高中阶段。

到了高中，孩子们的世界观、价值观和人生观基本形成，他们不再让家长过多地参与他们的学习。

但是因为他们上的是重点高中，这里的孩子人才济济。他们俩的入学成绩如初中一样不尽人意，都在百名开外，我当时根本就没想过他们能考清华北大之类的名校，感觉能考上"211""985"的大学就很不错了。

但是孩子们并没有放弃进取，端正的学习态度和良好的学习习惯让他们始终向着更高的目标奋进。

这时候的我基本上退居到孩子们身后，主要是安抚他们的情绪，做好后勤保障，默默守护在他们身旁，看他们破茧而出、华丽蜕变。

起初他们在书桌前的墙上，标注的是几行数字，分别是"10、30、50、80、100"，当第一次月考后，他们把"100"画上了一道横线，我明白了，原来这是他们自己制订的目标。

就像初中一样，他们制订了阶梯式进取目标，并贴在了墙上，时刻提醒着自己，朝着目标前进。

考了100，实现了第一次突破，从这个小小的进步中，他们收获了希望，增强了自信，在老师和家长的认可中，对学习更有热情。

当然，孩子的进步不是一马平川的，当出现波折时，需要站在他们身后的我们伸出温暖的手，给予有力的支撑。

子文、子豪在进入年级前十名后，将目标锁定在了年级前三名，那时候，一路过五关斩六将的他们信心满满。

但是子文出现了状况，每次月考，他都和弟弟一样斗志昂扬、充满必胜的信心。可是连续几次，那充满激情的目光看到的都是十几名开外的成绩，弟弟倒是稳进前三名。

当子文默不作声地回到家，我知道孩子又失利了。

我带他去操场上跑步，和他聊他们小时候的事情，尤其给他讲，他们从小到大，一步步走来，取得的每一次进步，那点点滴滴，成就了今天强大的他们。

这种爱的力量，比简单的说教更让孩子感动。

当孩子和你的感情产生了共鸣，他会产生一种强大的精神力量，这种力量足以让孩子鼓起勇气，去战胜困难。

当子文又一次证明了自己、超越了自己的时候，他拿着成绩单跑回家，进屋后给了我一个大大的拥抱。

如果说一次小小的进步可以令人沉醉一番，那么一个较大的进步会让人信心倍增。

我在他们学习的桌子上留了一张字条："孩子们，你们是最棒的！"

第二天，当我看到他们精神抖擞地背上书包，迈着坚定、自信的步伐走向学校，我知道他们更加强大了。

他们不是天生的学霸，是一次次小的进步激发了他们的学习热情和必胜信念，才成就了学霸。

3

第三部分
母亲的心态

十七、初为人母的迷茫与彷徨

一个女性从孕育孩子的那天起，就真正实现了个人身份的转变，不再是单纯、任性、独来独往的女孩子，她要担负起另外一个生命的成长的责任。

从孕育到生产，再到养大成人，带孩子可谓是一个庞大而复杂的工程，而且这个工程是一次性建设，没有重新修复的可能。

大多数女人在得知自己怀孕的那一刻，都会很新奇和兴奋，但那种新奇和兴奋很快就会被彷徨与迷茫所代替。

毕竟是第一次做母亲，没有哪个女人在得知有孩子后，不是小心翼翼地呵护腹内的宝宝，设想着许多关于未出生的孩子的未来。

我的宝宝会健康吗？怎么能让宝宝聪明可爱？宝宝能否好好读书，将来考上名牌大学？宝宝将来是否是个出类拔萃的人？等等。

这些想法都很正常，是每个初为人母的女性正常的思维。不过，不要过于担忧和恐惧，你需要放平心态，保持乐观的心情，静静地等候那个小生命的降临，坦然面对那个小生命的成长。

我在孕育子文、子豪的时候，也曾经历过无比的"惶恐"。

在结婚六个月后，当得知自己已身怀有孕，我在羞涩和甜蜜的同时，也有些晕头转向，感觉自己还是个孩子呢，怎么一下子就有了自己的孩子？

我是一个从小在军营长大的姑娘，在那个时代，大人们都忙于工作和生计，小孩子基本都处于散养的状态。

在我的童年记忆里，每天放学后，一帮大大小小的孩子聚在一起围着军营跑来转去。一大帮孩子中，我总是那个拖着最小的家伙跑在最后的一个，因为我从小就喜欢孩子，喜欢照看比我小的可爱的小人儿们。

记得有一年，我也就是七八岁的样子，部队家属院来了个漂亮阿姨，她是从上海这个大城市来的，带着一个刚刚咿呀学语的胖胖的小男孩来探亲，正赶上我们放暑假。那一个假期，我几乎每天都去阿姨家，帮她照看小男孩，我至今仍记得那个小孩叫刚刚，他一看到我，就会伸出一双小手，胖嘟嘟的小脸就笑开了花。

我总帮阿姨看孩子，以至于在阿姨结束探亲时，竟为了我摆了一桌当时很丰盛的宴席，来答谢我和我的家人，所以我感觉我是一个从小就喜欢孩子的人。

慢慢地，随着自己的长大，我就会想，我将来也会嫁人，也会有自己的孩子，那时的我将拥有一个怎么样的人生呢？我会拥有一个美满的家庭，有一个聪明伶俐的儿子或女儿吗？

这些都像是昨天才有的想法，怎么一下子就变成现实了呢？

抚着隆起的腹部，我知道自己已不再是那个怀着兴奋和彷徨，充满幻想和爱做梦的小姑娘。

为了让孩子长得漂亮些，我也像别人一样，买张漂亮娃娃的画报贴在床头，有事没事就看啊看啊，希望自己的孩子像画上的小家伙一样漂亮。

有一次我和爱人坐在马路边乘凉，看到远处一个年轻的爸爸，自行车的前梁上坐着个男孩，这位年轻的爸爸跨坐在车上，一脚蹬地在等人。

不一会儿，一个怀里抱着一个女孩的年轻妈妈匆匆地跑出来，坐到自行车后座，搂着年轻男人的腰，一家四口从我们面前掠过，特别幸福美满的画面。

当时我就跟爱人说："我们要是生一对双胞胎该多好啊。"

他回我："只要生个健康的宝宝就好。"

等到孩子四个半月，我去一个妇科老大夫那儿做检查，那是个在妇产方面非常有经验的老太太，她用手摸了半天，用一个仪器听了听我的肚子，然后就问我："是近亲结婚吗？"我说不是，她就跟我说："胎心听着是一个，但是摸着是两个头，明天你去做个B超吧。"

当时我被吓得够呛，回家和爱人嘀咕了一宿，难道是怪胎？一个身体两个脑袋的怪胎？我在孕期确实喝过一次酒，难不成是那次造成的？

我脑海中不停地幻想着孩子可怕的模样，想象着最坏的结果，眼泪止不住地狂流。

爱人直安慰我："没事的，也许手摸不准呢，咱们又不是近亲，哪儿来的怪胎呢，放心吧，咱们的孩子一定健康着呢。"

虽然爱人是这么说，但我觉察到他一夜也没怎么睡好。第二天我们早早就来到了医院做B超，做的过程中我始终忐忑不安，后来看到医生给他指指点点地说："看，没错，就是两个。"

啊？我怀的是双胞胎？

双胞胎的出生率可是1∶89，一般遗传的概率很大，我们两家可都没有双胞胎的基因啊，我当时恨不得从检查床上一跃而起。

后来他的朋友对我说，他也笑得三天没合拢嘴。

高兴是高兴，当看到两个嗷嗷待哺的孩子并列"摆放"在我面前，我开始慌乱地应对这一切。

从开始不会哺乳，抱孩子都不知从何下手，被别人称作"孩子妈妈"都脸红，到熟练地给孩子洗澡、喂饭、教他们学爬学走，我渐渐地进入母亲的角色。

为了能更好地照顾到每个孩子，我让两个孩子并列和我垂直地睡在一起。

那时的我上班很紧张，下了班就买菜、做饭、洗衣服，像打仗一样，每天都是晚上九点把衣服洗完，哄孩子睡着，地板擦净，自己才能累得斜躺在沙发上。

看着安静下来的家，这时候我才感受到自己的存在，但我一点脾气也没有，很享受这样的生活。

直到有一天发生了一件事，我才突然意识到生孩子不易，养孩子更不是件容易的事，不是你给他梳洗干净、喂得白白胖胖那么简单。

大概是他们一岁左右，正是要会走又走不稳的时候。

我陪他们俩在客厅的地上玩拼玩具，因为争抢某个颜色的插板，他们俩互不相让，两个人都牢牢地抓住同一块插板。

我哄着他们俩，劝哥哥放弃，又让弟弟撒手。别看他们话说不全、路走不好，但是这时候的他们已经显现出独立的个性，依然互不相让，完全不理会我的话，执着地坚持自己的想法，绝不撒手。

很快他们俩就为一块插板，厮打在一起。

我茫然了，看着哭打在一起的孩子，一下子不知所措。这么小的孩子，总不能拉过来揍一顿吧？当时的我急得大喊一声："别打了！"泪水也唰地留了下来。

不知是吓着了，还是心疼我，他们俩停止了厮打，都钻进了我的怀里，我突然感觉自己抱着孩子的手臂好沉重，好沉重。

我知道，我不仅仅是要将他们养大，还要教他们如何做人，如何与人相处，如何快乐地生活。

那一刻，我真正意识到了做母亲的艰辛，它不仅仅是行为上的艰辛，关键是教育上的艰辛。

毕竟孩子的成长都是单行线，都是不可逆的，对于家长和孩子，机会只有一次。

所以当一切真实地摆在我们的面前，彷徨和迷茫是实实在在地存在的，我们要做的是提高警惕，尽快地从彷徨和迷茫的旋涡中清醒过来，理智地去面对孩子的成长，在孩子不谙世事的时候，发现问题，及时纠正。

比如在火车上或飞机上，有的孩子会大声喧哗或哭闹，根本不顾同行人的感受，这时候家长就要及时制止并晓之以理，让孩子明白公众场合的礼仪。

子文、子豪在小的时候，我们第一次带他们去吃饭，他们俩看饭菜上来后，就把好吃的菜转到自己的面前，也不顾他人的感受，自顾自地吃了起来。

这些看似小事，如果不加以管教，久而久之，就会让孩子形成我行我素的习惯，变成一个自私自利的人。

子豪在幼儿园的时候，有一次被一个女孩把脸抓破了一小块皮，脸上流出了血迹。

他抓住女孩不让走，连女孩的家长来了也不依不饶，非让女孩的家长赔，弄得对方家长哭笑不得。

这种情况，你作为子豪的家长，或者那个女生的家长，你会怎么做呢？我想答案应该不止一个。

是的，孩子一天天长大，他的世界观也会随着年龄的增长逐步形成。父母拉着孩子的小手，带孩子走出一条什么样的人生之路——父母的责任大啊！

我们也是从小被父母教育着长大，从小耳濡目染，难免会下意识地模仿父母的教育方式。

但是时代不同、环境不同，父辈的教育方式已不能完全适应当下的孩子，我们不能简单地模仿。

比如他们小的时候，有个经常跟他们一起玩的丽丽，比他们大四岁，有一次我们两家去颐和园游玩，两个孩子跟在姐姐身边，玩得非常开心。

午餐的时候，子文突然一本正经地说："长大了，我要娶丽丽姐姐。"

子豪也抢着说："我也要娶丽丽姐姐。"

丽丽淘气地逗他们俩，开玩笑地说："那你们得快点长大，不然我就嫁给别人啦。"

看着天真的孩子们说着无邪的话，我和丽丽妈妈对视一眼，竟然不知怎么接孩子们的话茬儿了。

这要是在父辈们的教育方式下，肯定是一声严厉的呵斥，而且在那个时代，孩子们也不敢这么率真地口无遮拦。

所以说，时代的改变，对初为人母的我们也提出了新的要求。照搬父辈的教育观点，已经不能适应当下孩子们的成长。

除了借鉴父母的经验，我认为还应该多与同龄人分享、倾听和学习。在教育的过程中，当碰到愁苦和郁闷时，不妨和你身边的妈妈们去讲一讲，去倾诉一下。不要只拿自己的那一套貌似正确的教育观念去教育孩子，有很多时候，局外人站在他的角度去帮你分析问题，远比你自己客观得多。

每个家庭不尽相同，不同家庭的父母和孩子的脾气、秉性也会完全不同，我们需要学会分享、倾听和学习，借鉴着成长。

毕竟，我们都是第一次做家长。

十八、找到自己的人生方向

我们小的时候总是渴望快快长大，成为一个独立自主的人；读书的时候总是渴望取得好成绩，成为同学羡慕崇拜的人；工作以后又总是奋发图强，渴望成为事业有成的人。

在我们成家立业前，所有的这一切，包括所接受的教育、就业的工作环境、结识的人群，都在某个时期，按某个既定的方向，一条线地向前推进着——该上学上学，该上班上班，就一个方向，很单纯。

当我们有了家和孩子以后，我们才真正觉得自己已长大成人，除了拥有自己的人生，还多了一份责任和担当。这时我们就会发现，在自己的人生路上多了一条并行的轨迹，那就是自己的小家庭，这条新的轨迹会伴随自己一生。

如何在这条新的轨迹上走出自己的精彩，这是一个全新的课题，也是一个很重的责任；如何做一个单位的好员工？如何做一个称职的母亲？怎样平衡工作和家庭的关系？怎样处理家庭内部的矛盾？

一系列错综复杂的问题摆在面前，考验着初为人母的我。

有子文、子豪的那年是1993年，那一年我二十五岁，正是风华正茂、意气风发的时候。

在新的家庭关系和社会关系下，处理好家庭和事业的矛盾，将孩子养育成人，这成为我新的人生方向。

先来说一下家庭和事业的关系。

首先我认为，良好的家庭关系靠的是夫妻双方的共同经营，不能是为了家庭，某一方要做出奉献和牺牲。我们作为女性，不能为了家庭和谐，就脱离工作。因为如果没有了工作，你将会失去一个接触社会、与人交流的重要场所，那么，你的眼光、你的品位、你的思想就会越来越脱离这个社会。

其次，女人一旦失去工作，就会每天围着柴米油盐转，渐渐地，除了老人孩子，你没有了其他话题，没有了自己的工作圈子，没有了自我提升的机会。

渐渐地，当朋友聚餐，当同学聚会，你就会越来越跟不上大家的节奏，成为一个身在现场的"局外人"。

既然女人不能脱离工作，那么怎样处理家庭和事业的矛盾？

第一，不能因为家庭琐事，影响单位的工作。

女性不能因为有了孩子，就把心思全部扑在孩子身上，其他事都不重要了，还是应该在社会上有自己的立足之地，应该被社会和家庭认可，这才是成熟女性的处世之道。

我身边曾经有一个女生，是一所高校的毕业生，刚进单位时朝气蓬勃，深受领导的培养和器重，结婚后一年，她有了自己的孩子。

她遵循当下流行的科学喂养方法，几乎将全部心思用在了宝贝儿子身上，从胎教到膳食搭配，从早期教育到兴趣培养，从形体到气质等，各方面都给孩子以最前沿的培育。

而她自己在工作上由于疏于钻研、墨守成规，很快被新生力量取代，越来越为单位边缘性人员，在人员缩编时第一批被劝退。

不被社会认可，终将被社会淘汰。

其实这种情况是完全可以避免的。家庭、事业就像天平的两端，偏重于任何一侧，天平就会失去平衡；只要你善于发现平衡点，就会让家庭和事业双丰收。

比如当你遇到家庭和单位都有事情要处理时，那就尽量根据轻重缓急来处理。家里事急就先处理家里的事，单位事急就先处理单位的事。

比如当你有了孩子，琐事肯定要增加一倍，那你就可以采取统计分类后集中采买的方式，极大地缩短办事时间，提高效率。

再比如你可以和双方老人搞好关系，争取他们的支持，解决自己工作上的后顾之忧。只要日常关系处理得当，老人们就会愿意付出，这样就能保证你把更多的精力投入工作中，去实现自我价值和社会价值。

最重要的一点是一定要得到爱人的鼎力相助，得到对方的理解和支持，夫妻两人共同分担家庭的责任，才能使工作和家庭平衡发展。

第二，也不能因为工作，影响家庭和谐。

孩子小的时候是我们正当年的时候，三十多岁正值事业上升阶段，男女双方都想在事业上干出一番成绩，生活上难免就会发生一些冲突。

比如孩子突然生病了，老师叫家长去一下，这时候爸爸和妈妈就要好好沟通一下，根据各自的工作状况，看看谁那里工作可以放一放，不能互不相让，耽误了孩子，影响了家庭和谐。

子豪小的时候，有一天，突然身上出现紫色的斑点，大片大片的很是吓人，到医院去看，大夫说是血小板低，必须每天注射针剂加口服药品，将血小板升上去。

当时因为工作需要，我要出差三天，赶上他爸爸单位也有接待任务，但孩子打针又不能耽误，每天他都是匆匆地带孩子打完针，就赶紧赶回单位。

为这事，婆婆都有些不太高兴。

三天后，我出差回来，立马承揽了每天带孩子打针的事。一方面，我知道孩子在脆弱的时候，需要的是妈妈的怀抱；另一方面，也是让丈夫和婆婆看到，我不是不顾孩子的女人。

这样，家人之间就互相理解了。

把工作和家庭关系摆正了，剩下的就是将孩子好好养育成人了。

"三岁看大，七岁看老。"这句老话说的是孩子的学前教育很重要。我通过自己的体会，感觉可以多算三年，也就是孩子在三年级前的教育尤为重要，因为这个时候的孩子正是长身体、长智力的时期，家长的作用会直接影响孩子的一生。

我总结出这个时期要注意的几点：

1.多陪伴。

孩子在离开母体后是一个弱势的个体，他需要经过一定时期的培养，才能慢慢变得强壮，所以父母要多陪伴孩子，给他呵护和温暖，他才能健康成长。

经常忙工作、忙生意的家长，都是以为了提高家庭生活质量这样的理由，将孩子托付给老人或自己的配偶，使孩子缺失父母一方或双方的陪伴。这样的孩子，即使给他再多的物质，我觉得他也是孤单的，情感上他是缺失的。

不知你有没有这种感受？孩子即使是奶奶或姥姥带大的，当妈妈一出现，他都会屁颠屁颠地跟在妈妈身边，奶奶或姥姥的十句话，也不及妈妈的一句管用。

为什么？

除去必然的血缘关系，我觉得就是因为妈妈可以陪孩子玩玩具，可以给他讲故事，可以了解他的情感需求。

现在的孩子在吃穿上基本都能得到满足，他不再像我们小的时候那样，渴望一件新衣，渴望一顿美味，他渴望的是陪伴。

我在单位刚被提拔做负责人的时候，爱人曾有过一些顾虑，怕我因为单位的工作，减少了陪孩子的时间。

但是我没有这么做，而是选择自己多辛苦一些，每天都要抽出一定的时间，陪孩子说会儿话，听他们讲讲一天来发生在他们周围的新鲜事。

每周末我都要找个时间，带着两个孩子去公园或广场跑一跑，跟他们分享休闲的快乐。

多陪伴孩子，既能让自己转移工作带来的压力，又满足了孩子对父母的依赖，我们在尽责任的同时，也得到了孩子带来的快乐，我们何乐而不为呢？

2.多鼓励。

每个人都喜欢听动听的语言，小孩子更不例外。在孩子处于劣势时，积极阳光的话语，会给他上进的动力。

人的潜能是巨大的，有的时候，家长一句肯定的鼓励的话语，就能激发出孩子无限大的能量。

子文、子豪在读小学一、二年级的时候，基本上没得过"双百"，看到别人家总说自己的孩子得了"双百"，我心里也是羡慕不已。

有一天，我装作若无其事地问他们俩："你们俩谁能考个一百分？我觉得你们俩都非常聪明，应该都没问题呀。"

他们俩对视了一下，垂下眼帘，默不作声。

"要不咱们先来个比赛吧。"我摸着他们俩的头，想到了一个方法，"把你们经常错的字全写在一个本子上，看下次谁不会再犯错，好吗？"

小学生丢分很少是因为不会，多数是因为马虎，如果改正了马虎的问题，那得一百分还会远吗？

当孩子拿到第一个一百分时，他就会对你的鼓励充满信心，你就可以继续鼓励他："你真棒，下次肯定还能考一百。"

3.少责骂。

当孩子做错了事，当家长的一定要控制好自己的情绪，不要一上来就劈头盖脸一顿责骂，当你责骂孩子时，孩子往往是不吭声、不解释和不争辩。

这样不好，不仅没有给孩子一个解释的机会，家长也错过了了解孩子的机会。你应该先静静地看着他，等他跟你来辩解，了解了他的想法，你就好对他进行批评、指正了。

有一次周末，单位临时通知我去参加一个紧急会议，我招呼在楼下跟小朋友玩的子文、子豪上楼。

半天他们俩也没上来，再看楼下已经没有了孩子的影子，不知他们又跑到哪里去了。

情急之下，我把家门敞开，让对门的邻居帮助照看一下，就匆匆去了单位。

散会后我急忙赶回家，看到在家里的子文、子豪，心中一块石头总算落地。

经过了解我才知道，有个小朋友的妈妈让小朋友去买一瓶醋回家，小朋友到超市却发现钱不见了，找了一圈也没找到，正碰上他们俩，小朋友请他们俩帮忙找找。他们俩陪着小朋友一直爬到他家所在的六楼，在楼梯转弯处找到了钱，他们才回来。

孩子其实是做了一件助人为乐的好事，好在我没有兴师动众地先来一顿责骂，否则肯定会伤害孩子善良的心灵的。

4.养成良好的生活习惯。

教育专家孙云晓指出："习惯决定一个人的命运。"

习惯的力量是巨大的，好习惯使人终身受益。

习惯的养成是行为积累的结果，孩子从行为中获得成就感，自然会经常重复这种行为，从而变成他的习惯，而良好的生活习惯一定是从家庭培养开始的。

首先，家长要规范自己在家里的行为，不聚众玩耍，不在孩子写作业时看电视，不在孩子面前打网络游戏，总之不做分散孩子注意力、影响孩子学习的事。

其次，家长要跟孩子一起制订一个合理的生活计划，包括几点起床、几点到校、几点休息，让孩子养成好的时间观念，学会在时间的制约下调控自己的行为。

再次，孩子放学回到家，必须在完成当天的学习任务后，方可看电视，看电视的时间要控制在一个小时内。

等孩子写完作业，也可以让孩子到户外玩耍，但不要出小区。还可以在周六、周日选一天时间，上午带孩子去图书馆，下午带孩子去公园等。

总之，孩子好习惯的培养是一个长期的、不断巩固的过程，需要家长的指导和约束。

孔子说："少成若天性，习惯如自然。"

只要家长身先士卒、言传身教、持之以恒，一定能帮助孩子养成良好的生活习惯。

如果我们能够在孩子三年级前做好这几方面，我认为是非常有益于孩子后期成长的，起码家长在这个时期给孩子奠定了良好的基础。

经常有人跟我说："把我家孩子送到你家去，你帮助教育，也带出一个北大学生来吧。"

我总会打趣说："孩子上三年级前送来可以，否则就不要送了，因为上三年级后，他的性情已经养成了大半了，不好改过啦。"

话虽然是这么说，做起来其实是有很多不同情况出现的，毕竟每家的孩子都不一样。

但不管怎样，因为孩子的出现，我们的人生就被赋予了更多的责任和义务。

因为有了他们，我们的人生有了新的方向；有了方向，就有了奋斗的理由，才有了我们是成功的父母的今天。

十九、孩子的人生是他的，不要过于苛责自己

孩子没办法选择父母，同样，父母也无法选择孩子。

我们不知道自己生育的是个怎样的孩子，他或许开朗或许内向，或许健康或许残疾，或许辉煌一生，或许默默一世。

每个人从出生到死亡，都要经历许许多多的事，每个人的故事又会因为命运的不同而不同。天下没有相同的路，孩子的成长也不尽相同。

家长很多时候不能强硬做孩子的主，虽然他是你生养的，但他的人生不是你的人生，因此，许多事都应让他自己去选择。

我有个朋友的孩子，从小就一头乌发，大家印象中她就是个长发飘飘的小仙女。

有一天，小仙女非要把头发剪短，她妈妈不同意，小仙女就用不去幼儿园来和妈妈抗争，最终长发飘飘变成了齐耳短发。

我们见到她的时候，都觉得眼前一亮，她妈妈却生气地说："太不听话了，哪有长发好看啊，不让她剪她就耍脾气。"

但是小姑娘很开心，调皮地冲她妈妈做了个鬼脸，说："我就是喜欢短头发。"

许多时候，我们家长都爱把自己的喜好和观点强加在孩子身上，认为孩子小，什么都不懂，所以就事事替孩子着想，替孩子谋划。但是孩子不见得领情，就会和家长出现矛盾和冲突，就像小仙女和她妈妈一样。

这个妈妈虽然终究是迁就了孩子，但对孩子的不听话仍然耿耿于怀。孩子不按家长的意愿做，就说孩子不听话，即便有些自认为开明的家长，也总忍不住会在生活的各种小事上，希望孩子能按照自己的想法去做。

孩子不听话，大多数父母就感觉自己没有尽到做家长的责任，甚至不顾孩子的感受和需求，强行让孩子按自己的设想去生活，包括吃什么、用什么、学什么。

我在自己的成长过程中，感受颇深。

那时候，家里条件不是很好，父母除去要养我们三个子女，还要赡养双方老人和接济农村的兄弟姐妹。

我妈妈为了节省，自己动手给孩子做衣服，我从小就是穿妈妈缝制的衣服长大的。

记得我都上班了，妈妈破费地给我买了一件条绒上衣。但是这件"昂贵"的衣服，只有在特殊的日子，妈妈才会给我拿出来穿上，她不让穿的时候，我绝对穿不上。

我的同事总鼓励我"反叛"："你都上班了，怎么穿个衣服，你妈妈还要管？"

当时我特羡慕那个能自己主宰自己生活的小姐妹，她想穿什么就穿什么，公司发的墨绿色工装，经过她的改装，裤筒笔挺修长。

而我跟妈妈提出想去把裤子改一下，遭到了妈妈的反对："大家都这样穿，你可不能去改，不能穿奇装异服。"

老套的思想，毋庸置疑的口吻，我只能听妈妈的话，同时一直用羡慕的眼光看着同事。我暗暗对自己说："快些长大，快些长大，长大了，就能自己想穿什么就穿什么了，就能自己做自己的主了。"

我是多么盼望自己的人生由自己做主啊。

所以当我有了自己的孩子以后，特别注重考虑孩子的想法和需求，规避我的父母在我身上留下的教育缺憾，尽量让孩子们为自己的人生做主。

其实像孩子留什么样的发型这类小事，父母参与多少倒也无关紧要，重要的是在人生大方向的选择上，很多家长会迫不及待地给孩子一些"建议"，表面让孩子自己选择，但如果孩子的选择与自己的期望不符，就会直接将失落与不满写在脸上，然后会耍各种心机和手段，直到孩子妥协在自己的观念之下，家长还会沉浸在一种"这都是为了孩子好"的自我感动中，未曾察觉到孩子的无奈。

有太多的孩子会在未成年的日子里失去话语权，他们会为了讨好家长，为了得到"好孩子"的标签，不得已把自我埋藏起来。偶尔有个性鲜明的孩子，一定会被冠以"不听话""坏孩子""叛逆"的标签。

其实，孩子只不过是借助母体来到这个世界的个体，他会用自己的眼光看世界，用自己的心灵去感悟世界，他是有血有肉有思想的一个独立个体。

虽然很多事还需要家长庇护，但他对自己的人生应该有绝对的决定权，因为他知道自己是自己的主人。就如那个小仙女，就如年轻时候的我。

还有些家长总拿人家的孩子做参考，人家孩子有什么特长了，人家孩子得什么奖了，人家孩子受到什么表扬了等，拿这些跟自己的孩子比，要求自己的孩子也要怎样怎样。

千万不要按别人家孩子的模式，去管理自己家的孩子。毕竟每个人的人生只有一次，你给孩子规划的路线不一定适合孩子的发展方向。

孩子为了你去做事，有时是得不到快乐的。

只有让他自己去管理自己的人生、自己给自己做主，他才会得到快乐。

子文、子豪的一个同学，和我家住一个小区，从他六岁的时候开始，他妈妈就让他练钢琴。

每当我们将孩子们从幼儿园接回来，子文都会拉着这个同学的手说："咱们在院子里玩会儿吧。"

这个同学都会用祈求的眼神望向他的妈妈，很是可怜，他妈妈也会答应他，让他玩一会儿。那个孩子立刻欢呼雀跃地和子文、子豪等一帮孩子一哄而跑，那种快乐是无法形容的。

也就差不多半小时左右，他的妈妈就会在院子里呼唤他的名字，他央求再玩一会儿，他妈妈就会严厉地让他上楼练琴。

我每次都会从窗口看到那个小家伙，耷拉着脑袋，留恋地看一眼小伙伴们，无奈地走回家。之后，他家就会响起钢琴声。

多年之后，这个孩子的钢琴弹得相当棒，他也引以为豪，但是他告诉我他的童年是不快乐的，如果让他自己选择，他宁愿不会弹钢琴。

那时候，我作为家长，也羡慕从邻居家传出的动听琴声，也希望我的孩子能潇洒地弹奏一曲。

我曾经征询过子文、子豪的意见，你们想学琴吗？如果也想学，妈妈给你们也买架钢琴。

他们俩同时摇头："不学不学。"

"那你们想想，有没有什么喜欢的东西，咱们也学学，不能每天大把的时间全玩啊。"我引导着他们，去考虑一下对什么感兴趣。

哥儿俩认真想了想，说："我们学画画吧。"

那好，我就给他们报了画画兴趣班，他们俩也学得挺开心，获得了不少奖项。

有的时候，我们家长替孩子做主过多，虽然出发点是好的，是想让孩子更出众些，但是忘了孩子的人生是他自己的。

如果我们放开孩子的手脚，让孩子在不违反大的原则的前提下，选择让自己快乐的生活方式，无拘无束地成长，一定也能收获一些惊喜。

当然，让孩子为自己的人生做主，也不是指家长什么都听孩子的，更不是指让孩子想怎么做就怎么做，家长听之任之，放任不管。

家长要学会适应孩子，在认为孩子处理问题不当的时候，要先从孩子的角度去看问题，跟他沟通，寻求家长和孩子都能接受的解决问题的方法。

比如子豪初中时是在普通班，班里有个捣蛋的学生不守纪律、不爱学习。当时我担心子豪和他交往太多，会不会也沾染上一些不良习惯，可是如果强行阻止他们交往，子豪也许就会避开我，偷偷地跟他做朋友。

于是我就坦诚地和子豪沟通这件事。我让子豪把那个孩子的优缺点说一下，阐述一下为什么选择一个大家都不看好的同学做朋友。

没想到，子豪把那个同学的优缺点讲得头头是道，他看到了这个同学身上的豪爽和正气，除了学习差，这个孩子的品性好，而且他说，课间和这个同学在一起很开心。

我认真地和子豪进行了分析，明确指出来，和这个同学做朋友可以，但那些坏习惯，子豪要坚决规避，并告诉他和同学在一起要互相取长补短，规避同学的坏习惯的同时，要用自己的良好品行去影响同学，和他的好朋友共同进步，这才是正确的交友方法。

你把道理跟孩子讲明白了，孩子自然易于接受。况且，孩子的智商都不差，什么是黑，什么是白，他也会分辨得很清。后来那个孩子也取得了不小的进步，他的家长经常带他来我家做客，两个孩子快乐地一同成长着。

或许有的人会说，你是遇到了懂事听话的好孩子，而我们的孩子……

其实，世界上除了少数奇才和怪才，大多数人都是平凡的普通人，我的孩子和你的孩子本质上没有太大区别，他们都是普通人。只不过我的心态更平和一些，我只想让孩子健健康康、快快乐乐地度过他的一生，从来没有过多地奢望过。

他们上小学时，我没要求过他们考"双百"；他们上中学时，我没要求过他们考名牌大学；我只是在孩子成长的各个阶段，时刻关注，让他们不要偏离正确的方向，按照美好的人生轨迹前进即可。

孩子们刚进入高中，我的理想就是孩子能考上大学就好；后来看到他们的进步，我的理想才跟着水涨船高，觉得他们能考"985"更好；再后来他们能够到重点大学的边儿了，我的理想是他们能考上排名前十的全国重点大学就好。等孩子们连续取得八次年级第一，我才把目光放到北大、清华。

哈哈，我是不是有点贪心啊？其实我想说的是，我们家长要把心态摆正，以一颗平常心来面对孩子的成长。

我们不能过分地要求孩子完美，不能看到孩子身上有缺点就否定孩子，或者把问题全归结到自己身上，认为自己管教不严、不到位。

记得有一次我们一家四口去欧洲旅行，或许是奔波劳累，也或许是水土不服，子豪的眼睛上长了一个如黄豆粒大的疙瘩。

我凭借自己的经验，断定它就是个针眼，破了后，流出脓来就会好的，不会有什么危险。

晚上，那个疙瘩破了，子豪大惊小怪地喊疼。子文见状，焦急地联系医院，执意要去急诊医治。我认为他们有点过于紧张，就跟他们解释，这只是个很常见的小毛病，不会有大碍的。

这时子文冲着我嚷道："他都说疼了，你当妈妈的怎么就不着急呢？"这是孩子第一次跟我发脾气，第一次大声"吼"我。我当时蒙了，孩子怎么能这样跟我这个当妈妈的讲话？我说的也并没有错啊！

我也不是不疼子豪，只是长个针眼，本来就不是什么大事嘛。

接下来，我的脑海里冒出一连串的疑问和自我否定，甚至会想，这个孩子我没教育好，竟然跟妈妈这样讲话，都是自己将他过于散养，没有好好严加管束。

但是后来，孩子们和他爸爸去了医院，我待在宾馆里冷静下来，我想明白了：并不是孩子没教育好，是因为孩子长大了，他们有了自己的思想和对事物的判断，他们执意去医院没有错，只是不该跟我嚷。

但是十全十美的人哪里有？我们家长身上不是也存在这样那样的缺点吗？为什么不能允许孩子身上也有瑕疵？

我们做不到把孩子教育得完美无缺、止于至善。那么何必太过苛责自己呢？有很多时候，放飞孩子去成长，或许孩子在成长的道路上会有失误，也会摔倒，可是谁又知那不是"塞翁失马"呢？

我同学的孩子从小就爱拆卸玩具，大了以后家里的小电器、小机械都让他拆坏不少，他就是不爱读书。

为这，家长没少打骂他，认为他就是败家子，长大了不会有出息。谁知，现在的他是个集团公司的总裁，成为众多人仰慕的人物。

把人生的主动权交给孩子，孩子的人生是他自己的人生。

或许他会为自己的选择买单，但至少我们让他学会了选择，学会了担当，学会了从跌倒中坚强。这样一来，他在今后漫长的人生路上，会勇敢面对未来的一切。

在教养孩子的过程中，一切知识的教化都远不如对孩子内心的培育，一个人只有拥有足够强大的内心世界，才能应对生活中层出不穷的情况。

二十、沟通是解决问题的良药

　　我在整理这本书的写作框架时，就考虑到了沟通这个话题。

　　我们无论是在单位工作，还是居家生活，无论是面对花甲之年的老人，还是面对乳臭未干的孩童，沟通无时无刻不存在于我们的生活之中。

　　但是当要提笔来阐述这个问题时，我又感觉很难落笔。正是因为这个概念具有普遍性，我们大家每天都会运用到，我才觉得这个题目难写。

　　我们都知道，我们生存的这个世界，是个人与人打交道的世界，它不是孤立存在的。

　　有的人善于沟通，能够很好地向他人表达清楚自己的意愿，让他人和自己达成共识，就很容易达到自己的目的；有的人不善于沟通，不说话还好，一说话便得罪人，反倒把本来能办到的事办砸了；还有的人拒绝沟通，当听到不同的声音时便沉下脸来，闷不作声，让别人猜测他的意图……

　　不同的沟通方式会产生不同的效果，尤其是当我们面对矛盾、分歧、意见的时候，沟通更显重要。

一般来说，沟通是预防问题和解决问题的重要手段。

沟通人人都会，但是，怎样在问题面前进行有效沟通，达到顺利解决问题的目的，这是我们每个成年人都要思考的一个问题。

都说父母是孩子的第一任老师，做了父母的我们，更要好好地研究一下这个课题。

孩子们在成长阶段，打交道最多的就是父母，若父母与孩子能够良好沟通，就能让孩子身心健康地成长。

有的家长就说了，我家孩子太不懂事了，跟他简直就无法沟通。我觉得，家长所认为的孩子难以沟通，主要体现在孩子的"四不"上：

第一，不听话。用句俗话说就是："你有千条妙计，我有一定之规。"妈妈们天天讲好好学习、认真听讲，孩子答应得好好的，到学校就把大人的话扔到九霄云外去了，根本就不听。

第二，不认错。孩子有自己的小心计，总觉得自己对，反倒认为家长的观点都是陈旧的，你想让他从心里真正认错，那比登天还难。

第三，不解释。孩子觉得家长爱怎么看他就怎么看他，他跟家长观点不同，就不跟家长说，进而懒得解释，拒绝沟通。

第四，不解决。孩子和家长意见相悖时，便对问题置之不理，放弃解决，甚至和家长冷战到底。

家长碰到这样的孩子很是头疼，打打不得，骂骂不得，又不能听之任之。其实这时候就需要好好沟通了，沟通是解决问题的良药。

子文、子豪在上小学的时候，有一次，我的朋友请客吃饭，让我带上爱人和孩子。

在我们一家进到酒店大堂的时候，子豪就被养殖缸里的大龙虾吸引了，他好奇地问我："妈妈，这个家伙也能吃吗？"

"能啊。"但是我紧接着嘱咐道，"这东西可贵了，今天是叔叔请客，你可不能乱点，小孩子要听话的。"

他好奇地看了看龙虾，点了点头。

请客的朋友点完菜，扭过头又问他们俩："你们俩有什么想吃的吗？"

子文摇摇头，子豪不甘心地看了我一眼："我想尝尝龙虾是什么味道。"

我赶紧跟朋友讲，不要听小孩子的，但是最终上菜时，朋友还是上了一只龙虾。

当时这一只龙虾的价格，比我一个月的工资还多，但已经上来了，我也不好说什么，只能趁着大家吃得开心的时候，出去把账给结了。

回家的路上我就想，这件事必须立刻跟孩子沟通清楚，否则以后类似的事情还会发生。

于是，我告诉子豪这只龙虾有多贵，是普通菜肴的好几倍，一桌饭菜，因为有了它，消费了我一个多月的工资。

子豪仍有些不解地嘟囔："不是叔叔请客吗？"

"外人请客，我们更不应该乱点菜，龙虾不是大众消费得起的菜。"我耐心地跟孩子讲道理，"你看，我告诉你这顿饭花了妈妈一个多月的工资，你知道心疼了吧？那叔叔也要养家，如果是他一顿饭把一个月工资都吃了，剩下的日子让他的家里人怎么办？"

我接着说："因为你点了这道菜，妈妈必须抢着把账结了，也因为你尝到了龙虾，咱们接下来可要过几天紧日子了。"

孩子一下子就知道这里的利害关系了："妈妈，下次我不乱点菜了。"

所以说，其实我们的孩子还是好沟通的，只要你把事情都给他讲清楚，他是能够明白的。

关键是你要适时地和他进行沟通。

现在有的年轻父母，在看到孩子有问题的时候，什么也不说，说是要给孩子留尊严，等没事的时候再去给孩子讲道理。那就像亡羊补牢一样，羊都跑光了，再把牢补结实了，对于跑了的羊来说，空有结实的牢，又有什么用呢？只能用来关下一批羊了。

孩子的错误，可是不允许有下一次的。

我有个女同事，加班的时候带孩子到单位，另外一个男同事跟小孩子逗着玩儿，惹得这个孩子不高兴了，他张嘴就骂了男同事一句，弄得大家都十分尴尬。

我的女同事也很不自在，吓唬了孩子一句，就赶紧跟男同事道歉："他在家不骂街的，都是在学校跟同学学的。"然后扭过头冲着孩子说，"等回家再跟你算账。"之后就哄着孩子去做别的事情了。

殊不知，就是这个等，等错了。

我觉得这种事，家长应该意识到问题的严重性，要及时管教孩子。

所谓的及时管教，不是说完全不给孩子留尊严，不顾孩子的感受，没鼻子没脸地打骂孩子或者责罚孩子。

但是你若是先把这事放下，等孩子已然忘记了这件事情，再把事情提出来跟孩子理论，教育他，那他只会盲目地应和你，并不会对错误有深刻的认识和领会，那么，下次有可能还会犯这种错误。

像这个女同事，她就应该立刻制止孩子的骂人行为，告诉他骂人不对，应该向叔叔道歉，然后将孩子带到一旁，给他讲他错在哪里，以及这个错误的严重后果。

大人在孩子犯错误的时候及时指出，让他立刻明白自己错在哪里，孩子才会印象深刻。

那么我们在与孩子沟通的时候，需要掌握哪些技巧呢?

第一，学会倾听，感受公平。

孩子在未成年时期，无论是身体还是心理，都会感受到来自家长的压力、自我的弱小，在心态上有一种不公平的感受，他在潜意识中会形成一种自我保护的意识。

当他的行为或语言出现问题时，他的第一反应是看家长的脸色，他渴望从父母那里得到认同，渴望得到父母的理解。

如果我们做父母的利用我们自己的身份特权，把思想和行为强加在孩子身上，势必得到孩子的反作用力。

所以我们要放下身份，蹲下身去，让他能用平视的角度和我们一起探讨问题，让孩子勇敢地说出自己的想法，我们认真耐心地去倾听，让孩子感受到你的真诚和公平。

这时候有两个关键点：一个是当你蹲下身来时，一定要真诚地盯着他的眼睛，让他感觉你是在认真听他讲；另一个就是你要轻抚着孩子的肢体，给他信任的力量和爱的温暖，这样才能让孩子坦诚地说出自己内心的东西，才能便于我们掌握孩子的真实想法，为我们跟他进行有效的沟通，奠定良好的基础。

第二，利他思维，心平气和。

我们在沟通的时候，都会有一个普遍存在的问题，就是总想用自己的观点说服对方，得到对方的认同。

但是很多时候，我们越是想让对方接受我们的观点，越是难以说服对方，而一旦自己的观点形成了，对方也不容易让自己改变。

当矛盾出现时，表现在单位同事之间，就是保留意见，事情暂缓、搁置；表现在家长和孩子之间，就可能是家长火冒三丈，孩子摔门而去。

这个时候最重要的是做到心平气和，多从对方角度思考问题，从中找到有利于对方的因素，从利他的思维出发进行沟通，往往能够取得更好的沟通效果。

子文、子豪的逆袭众所周知，其实这里也有矛盾和问题产生。

他们在体重达到一百六十斤时，是名副其实的小胖子。

我开始督促他们锻炼，总嫌他们太懒不爱运动，但是每当催促他们外出活动活动时，他们俩都表现得很不配合，我也很着急。

后来我从他们俩的角度去分析，体会他们俩的感受，找到沟通的点："你们俩再不加强运动把体重降下去，将来中考的时候，体育会拉分，总成绩是不会上去的，冲刺第一根本就是天方夜谭了。"

"我们也想运动，但是一动就冒汗，好烦啊。"他们俩一人一句地说，"我们太胖了，蹦起来太蠢了，多难看啊。"

"那咱们也要想办法，不然，光把学习成绩提高了，体育分拖了后腿，多冤啊。"

我从对他们俩有利的角度劝说他们俩："只要把你们的顾虑说出

来，咱们一起想办法，找到解决的方法，不让体育分拖总成绩的后腿，你们冲刺中考第一才能有保障啊。"

子义、子豪一听，觉得我说得有道理，也就答应了。

从那以后，我们一同想了许多运动减肥的办法，包括家里训练、夜跑、户外锻炼等，在顾及孩子感受的同时，达到让他们锻炼减肥的目的。

第三，结论先行，避免唠叨。

我们在跟孩子沟通的时候，还要注意一个关键问题——把事情说清楚了，下了定论，就不要唠唠叨叨的了。

比如孩子学习成绩不是很好，那你明确给他指出来，告诉他："你要努力了啊，你的成绩不理想，以后玩的时间要减少，要把更多的精力放在学习上了。"

这就好了，说清楚了，就让孩子自己去把控，你不能天天在他耳边叨叨"你该学习了""你别总玩了""你怎么就不知道努力呢"等。

因为你越叨叨，孩子会越反感，他的反抗情绪就会越高涨，你总叨叨同一问题，慢慢孩子就听习惯了，根本不当回事了。

他们会想：反正你总这样说，说明我就是这样的孩子了，我也改不了了。

你的唠叨最终会让孩子形成偏激的性格，要么沉默寡言，性格内向，要么胆怯懦弱，没有主见，要么反抗意识强烈，出现过激行为。

这个时候做父母的就要反思了，是不是自己和孩子的沟通出现了问题？自己天天唠叨孩子，是不是把注意力过多地放在了孩子身上？

孩子随着年龄的增长，自我意识也在逐步增强，家长应该适度给孩子一定的空间，让他学会自己成长。

有的家长可能会说："那我就不叨叨了，他爱长啥样就长啥样吧。"

那也不对，不唠叨不等同于大撒把，孩子的成长离不开家长的呵护和引导。

我们要接受孩子的缺点，可以讲事实、摆道理，但切忌唠唠叨叨、喋喋不休，要点到为止，这样才能给孩子更多的成长空间，才能使亲子关系更加融洽。

第四，套路沟通，留有余地。

现在，更多提倡的是家长对孩子的赏识教育，我也认同这个观点。

我在小的时候，因为父母的文化程度都很低，那时候吃饱肚子是首要问题，根本顾不上对孩子的赏识教育，更谈不上会沟通了。

由于感受到了在成长阶段的缺失，到了我自己做家长的时候，我想给孩子更多的关爱，把自己父母在我身上缺失的东西，全弥补在孩子身上。

所以到了我们这个时代，我们已不再像父母辈那样，粗鲁地管教孩子了。

我们懂得了尊重和赏识，但在这之外，我觉得还要再动用一些我们成年人的智慧，适当地增加一些套路，能取得更好的效果。

学过国画写意山水的都知道，中国画中有个词叫作"留白"，就是说在整幅作品中，为了画面、章法的协调精美，而有意留下相应的空白，留有想象的空间。

我在和孩子沟通方面也是这样，留有余地。

比如子文小时候就粗枝大叶，书包里就像他的字一样乱糟糟，课本和作业本他从不认真整齐地摆放，横七竖八的，有的试卷都卷成一团。

看到这种情况，我不是直接说他，而是用表扬的方式"说他"："子文今天的作业本放得不错，没有像之前那样卷边，不错，有进步。"

这时孩子会有些惭愧，因为他毕竟做得没那么好，反倒得到了我的夸奖，但我的夸奖肯定是事实存在的，他的作业本今天确实没卷边。这样孩子就会主动注意啦，注意把书本尽量放整齐，可不能让妈妈一看又乱了。

隔两天我就会又表扬他："呀，子文的书包现在整齐多了。"这时孩子会有一种骄傲感和自豪感，因为他确实做到了，书包整齐多了。

再过两天，他已经会习惯性地将书包里的课本等摆放整齐，我会称赞他："子文的书包真整齐。"

这时候他已经养成习惯了，那以后我就是不再关注，他也会习惯性地把书包整理干净的。

这样适度地表扬，循序渐进地鼓励，会让他不自觉地自我鞭策：我要把事情做好，做到最好。

孩子都是爱听表扬的话的，你越夸他，他做得越好，这种"带有套路的沟通"，在孩子的成长中有非常积极的意义。

还有一点，就是我想告诫所有的家长们，前面我说的沟通，不仅仅适用于我们和孩子之间，孩子只不过是我们家庭中的一员而已。

我们还有很多重要的关系，比如夫妻、父子（父女）、母子（母女）、婆媳，甚至还有兄弟姐妹、姑嫂等。

我们在和其他人的交往中，也要掌握好沟通的技巧，因为孩子就生活在你的身边，你的一举一动都会潜移默化地影响着孩子，你是怎么和人沟通交往的，他都会效仿。

二十一、参与孩子的成长，
以平常心面对孩子取得的每一份成绩

子文、子豪考上了北京大学，很多人都说我一定有很特别的教育方法，很早的时候就有人邀请我去给家长们做报告，要我传授给他们培养北大双胞胎的秘诀。

我每次都委婉谢绝，其实不是不愿意讲，也不是不想去讲，真的是没什么可讲的，即使是这本书中讲的一些经验，我自认为也只是顺其自然得来的一些心得而已。

国外有个教育家研究发现，在一项孩子学习能力倾向测试中，最重要的因素不是智商和经济能力，而是家庭中父母所发挥的作用。研究表明，经常与父母一起吃晚饭的孩子的学习能力更为突出。

回想起我自己，那时候确实很注意陪伴孩子。

那时候，大多数小家庭都是双职工家庭，时间紧张，劳动强度大。孩子大多由老人帮忙带，像我家这种双胞胎家庭，一般都是奶奶家一个，姥姥家一个。

但是我没有，我觉得如果家长不守在孩子身边，那么孩子会和你产生距离感，孩子在成长的过程中缺失了对你的依赖，慢慢会不那么亲近你，将来你要管教孩子的时候容易出问题。

我们小区有一对夫妇，也是生了一对男孩，他们把孩子分别放在两边的老人家，埋头苦干做生意。他们也确实挣到了钱，家庭条件明显提升。但是两个孩子在两个不同的家庭环境下长大，不但和父母不亲近，他们俩之间也不和谐。如果两个孩子一起到了奶奶家，那个在奶奶家长大的孩子就会特别有优越感，就会认为奶奶家是他的家，和父母、弟弟不是一家，甚至在哥儿俩争执的时候，会以主人的姿态轰弟弟出去；反之，两个孩子到了姥姥家，弟弟也会占上风，同样以主人姿态自居。这就弄得他们的父母懊悔不已。

我吸取了他们的教训，即使再忙再累，生活再艰苦，也要陪在孩子的身边，看着他们一点一点长大。孩子只有在父母的陪伴下，才能身心健康地成长。老人只能帮你照顾孩子的生活需求，比如吃饭、穿衣，但是老人一般很少能参与孩子的其他活动。

比如我下班回家会陪孩子们摆弄一会儿玩具，会在房间里和他们捉迷藏，会给他们背诗文，会给他们唱歌跳舞，会带他们一起做手工，这些都是老人做不来的。

带孩子虽然辛苦，但也不时收获着快乐。在你陪孩子的时候，突然某一天，你就会看到他的成长和进步。在突然看到的一刹那，那种喜悦、那种意外，是付出多少辛苦都值得的。

子豪刚刚会握着笔在纸上乱涂的时候，大约也就两岁，有一天，他画得分外认真，嘴里还嘟嘟囔囔地念叨着。我过去一看，从未学过绘画的他，竟然有模有样地画了一个小人，小人像是在踢球。

"小豪，告诉妈妈，你画的是什么？"我想证实一下我的揣测。

他用小手指着画面向我描述着："这是我，我在踢球，看，这是我的腿，我把球踢跑了。"

"哈哈……"我把他搂在怀里，"小豪真棒！再画个哥哥呗。"

他拿笔胡乱地画着："哥哥，这是哥哥。"

其实，哪里还成样子啊。不知为什么，他就画成了那么一张有模有样的画，当时我觉得，他肯定有绘画天赋，将来一定能成一个大画家。

那张珍贵的画，我当宝贝似的珍藏起来，到现在仍很完整，那是我儿子的骄傲啊。

你对孩子辛勤付出，同样会收获甜蜜的回报。

有一次我生病了，子文、子豪跑前跑后地照顾我，不让我做家务，说他们会给我做饭吃。

那应该是他们八九岁的模样，我记得他们一个站在小板凳上做饭，一个在旁边拿这递那。

当他们把炒煳的鸡蛋端到我面前时，我流下的是幸福的泪水。

这说明孩子很善良，已经懂得了感恩，懂得了回报父母，幼小的心灵已经充满了爱，他是在按着正常的道路，健康地成长着。

当然，每个孩子的成长都不是一帆风顺的，都会有坎坷、波折。所谓金无足赤，人无完人。

小学时期的子文、子豪，性格的变化不是很大，随着年龄的增长，青春期的子文越来越显沉闷内向。为了让他变得积极开朗，我鼓励他参与班长的竞选。

子文犹豫地说："妈妈，我行吗？我不爱说话，老师能让我当班长吗？"

我拍拍他的肩膀："你心地善良，做事细致，学习好又乐于助人，老师和同学都会喜欢你的。"

他挺了挺背，充满信心地点了点头。

真的要感谢子文初中的班主任老师，他的慧眼成就了子文，给了子文锻炼的机会，三年的班长生涯让子文改变了许多，成长了许多。

我们都不是十全十美的人，更不能要求孩子哪儿哪儿都好，处处优秀。只要有机会，家长尽可能地鼓励孩子向前进就足够了。至于孩子能走到哪一步，是有很多因素在影响着呢。

拼命地拔高孩子，不顾孩子的内心感受和愿望，让孩子生活在家长带来的压力之中，生活在家长的警示、训导、否定之中，孩子为了取悦家长，要违背自己的意愿，那对孩子来说是一种心灵的折磨。

那不叫真正的爱孩子。爱孩子是没有任何附加条件的爱，如果把我们的需求打上爱孩子的标签，如果在"为了孩子好"的旗帜下，去满足我们的虚荣心，实现我们未能实现的梦想，这样的父母是不称职的。

我们做家长的应该始终保持良好的心态，不要攀比，不要苛责，孩子能够取得骄人的成绩固然好，如果成绩平平又有何妨？用过分好强的心态去逼孩子，自己烦恼，孩子恐慌，结果会适得其反。

子文、子豪在小学临近毕业的时候，我去开家长会。会上老师问："各位家长，你们对孩子最大的愿望是什么？"

我坐在前排，老师指着我请我回答。我站起来说："希望他们健康、快乐地成长就好。"

老师又引导着问我："学习方面呢？"

我很平静地回答："只要能跟得上就行。"

当时老师似乎不太满意我的回答："你这个家长的要求倒是不高啊！"

我理解老师的心情，她希望她的班级的孩子都能取得好成绩，希望我们家长配合老师约束孩子，督促孩子进步。

我这种心态也许不是老师想要的，但一定是孩子们比较乐于接受的。

有的家长，孩子一犯错误就大呼小叫，对孩子恶语中伤；孩子取得一点进步，就沾沾自喜，逢人就不自觉地道出来，一口一个心肝宝贝，甚至大摆喜宴。在我看来，这些都是过分的表现。

我们要用最大的热情参与孩子的成长，用平常心去对待孩子取得的每一份成绩。

我家最有代表性的是孩子高考这件事。

高考第一天的早晨，同样紧张的一家四口，貌似像往常一样平静，按惯例洗漱完，吃完早餐。

在要出门的时候，孩子们跟我说："妈妈，抱一下。"

我知道，这个拥抱不仅仅是个简单的形式，更是孩子们心灵的慰藉和渴求，他们需要父母的鼓励和支持。我抱了抱孩子们，在他们的耳边说道："放轻松，爸爸妈妈一直都在。"

带着我们共同的期望，他们俩奔赴考场。

第一场考试回来，子文一进门就把自己关在了屋里，子豪悄悄地告诉我："哥哥没考好。"

我点了点头，轻轻推开子文的房门。

子文忍不住哭了出来："妈妈，我作文跑题了。"

我抱着紧紧搂着我的子文，开导着他："没关系，我儿子不会这么容易被失败打倒的，一科没考好，咱们后面加油。"

"可是，语文会拖分的。"他抹了抹泪水，懊恼地说。

这时候，他爸爸和子豪也进了屋。爸爸用平静的态度和他沟通："子文，你已经是个男子汉了，任何困难都不能阻挡你前进的步伐。考过的科目就不要再去考虑了，把时间都留给接下来的科目。打起精神，好好备战后面的，这才是你现在应该做的。"

子豪也鼓励哥哥："你文综那么强，一定能把分数追回来的。"

第二天，子豪的文综又出现了一些问题，同样的压力又影响着子豪的考试状态。

我们一家人在一起，互相鼓励，共同分析接下来的考试技巧，帮助孩子坚定地把后面的考试顺利地进行下去。

现在想来，那两天对于我们全家来说都是一次考验。

孩子们在逆境中顶住了压力，取得了后面的好成绩。我们在孩子们失利的状态下，克制了自己，给了孩子最有力的支撑。

我们和孩子一起，经受着突发事件的考验，共同进步、成长。

到现在我依然清楚地记得，当录取分数要出来的时候，我和孩子们守护在电话机旁，紧张地等候朋友查询分数。

"丁零零……"电话铃声响起，我用有些颤抖的手拿起了电话听筒，全家人都屏住了呼吸。

"苑子文674分，苑子豪683分。"

当听到那清晰的数字时，我们一家人一下子紧紧地抱在了一起。

我们欢呼着、雀跃着，流下了激动的泪水。那是为十年寒窗、为最后一搏、为全家共同努力取得的成绩流下的胜利的泪水。

幸福来得太快，有时会让人感觉不真实。当这种突来的幸福渐渐变得真实，我也平复下了那颗激动的心。

我们享受着孩子的进步和成长，他们顶住了压力、超越了自己，我们为他们取得的成绩自豪。

当时有很多朋友也替我们高兴，都问什么时候办升学宴，好好庆祝一下。孩子们也试探地问我们："爸爸妈妈，我们班有好几个同学的家里都订好了饭店，为他们办升学宴，咱们家还办不办升学宴？"

我微笑着问他们俩："你们俩认为办不办呢？"

他们很了解我们的做事风格，但孩子的那种虚荣心理还是让他们试探地说："办不办都行，就是我们的同学，考得好的家里都计划办呢。"

我跟孩子们说："你们取得了高考的胜利，为你们的人生交上了第一份完美的答卷，是一件值得庆祝和自豪的事。但是，你们以后的人生路还很长很长，你们还需要不停地进步。考上了好大学，并不代表你们的人生从此就大放光彩，它只是你生命中的一个小亮点。

"没有考上理想大学的孩子将来未必比你们差多少。对取得的每一份成绩，都要用平常心去看待，千万不能沾沾自喜，得意忘形。人还是要脚踏实地，一步一个脚印地、踏实地走。"

后来，子文、子豪上了大学，出版了第一本书，参与了许多综艺节目，在学校担任了学生干部——院系学生会主席。

每次他们跟我汇报自己取得的成绩，我都很平静地说："好。"以至于他们俩打趣地问我："您好像不是很兴奋啊，像听别人家孩子的事一样。"

我也总是回答他们："你们的人生是你们自己的，我只是陪在你们的身边，参与了你们的成长。还是那句话，只要你们健康快乐，妈妈就高兴。"

话是说得很轻松，但要做得适度。当妈妈的也要煞费苦心地好好去研习，根据自己孩子的性格特点，既不能过分要求孩子，给孩子过重的负担，也不能听之任之地娇惯孩子。

给孩子一定的成长空间，提供一个让他舒适的成长环境，在这中间，家长要尽到自己应尽的职责，帮他制订学习计划，培养他的兴趣爱好，在困难和阻力面前，陪他共渡难关，在人生的关键点给他指明方向。

世间没有相同的两片叶子，孩子的成长就像小树长高、鲜花盛开一样，都有自己的生长季节和规律，也有自己与众不同的地方。

陪孩子成长，给予他无条件的爱，用一颗平常心去面对他一点点的进步，你终会收获参天大树和绚丽的花园。

二十二、一杯深夜的牛奶将会增加亲子浓度

俗话说，养儿方知报母恩。

这句话我上学的时候经常听到，但直到自己做了母亲，才真正懂得了这句话的深刻含义。

天气冷了，我会怕孩子冻着，总爱让他多穿衣服；天气热了，我又怕空调吹着孩子，一晚上醒好几次，将空调开了关、关了开。

吃鱼时，我怕鱼刺卡着孩子，就把鱼肚肉全留给孩子；听人说鱼脑有营养，我家婆婆又总爱做家常炖鲫鱼，每次我都包揽全部鱼头，把鱼脑子扒出来，分给他们俩吃。

我的朋友都不相信，鲫鱼的脑袋里能扒出脑仁儿来？我每次都熟练地扒给他们看，看到朋友们惊奇的眼光，我非常自豪，这都是从小给他们俩扒鱼头练出来的。还有螃蟹，我几乎对螃蟹的整体结构一清二楚，无论是海蟹还是河蟹，我总是能把一整只螃蟹的肉，剥满一螃蟹盖，看到他们吃得香香的，心里莫大地满足。

有一次，暑假期间我的单位组织员工一日游，可以带家属带孩子，去秦皇岛的黄金海岸。大家难得有机会一起带孩子出行，都约好带上各自的孩子。孩子们熟悉得很快，很快就在沙滩上追逐嬉戏开了，玩得十

分开心。

"上车啦，准备返程。"随着领队的一声召唤，孩子们纷纷在路边冲洗干净满是细沙的双脚，吵吵嚷嚷地上了车。

玩耍了一天的孩子们都累了，到了车上，像泄了气的皮球，懒洋洋地歪靠在座椅上。

我发现子文穿着凉鞋的脚上还沾着许多细沙，便把他的腿抬起来，放到我的腿上，想帮他把脚上的沙子擦干净。

他迅速地看了一眼周围，怕让小朋友发现似的，立刻把脚从我的腿上挪了下去。

"怎么了？妈妈帮你擦干净，那么多沙子在脚上面，多难受啊！"我惊讶地问。

他拨开我又伸向他腿的手，躲闪着说："我自己可以。"说着，自己抬起脚，拿过我手中的毛巾，认真地擦了起来。

我突然意识到孩子有自己的想法了，他肯定是不想让小伙伴们看到，"这么大"的他，还要妈妈给擦脚。

这就是成长中的孩子，他一面依赖着你成长，一面又要展现自己独立的能力。他不仅仅需要你在生活上给予他无微不至的呵护，更需要你跟上他成长的步伐，伴随他心理的变化而成长。

曾经有一段时间，子文、子豪的爷爷回农村老家种了一大片树，每隔一段时间，他会回到我们居住的城市，这个时候是子文、子豪最"自由"的时刻。

只要爷爷一回来，他们就叫嚷着住在爷爷奶奶家，在爷爷的"权威"呵护下，他们把爷爷的房间门一关，在屋里上蹿下跳地撒欢儿。

"你们俩安静点，不许乱折腾。"我每次都要耐着性子，敲着门，轻轻哄着他们俩说。

"管他们俩干吗？"他们的爷爷每次都宠溺地笑，"他们俩每天都要折腾一通儿，一会儿就安静了，你们走你们的吧。"说罢，冲我和爱人摆摆手，示意我们自己走吧。

到了假期，他们俩更是盼望着跟爷爷奶奶回农村。我怕他们俩太折腾，给老人们增加负担，就极力阻拦。他们俩就会躲在爷爷身后，鼓动着爷爷来说服我："让他们跟我们回老家吧，孩子们总生活在城市，都不知地里的麦苗长什么样，让他们去地里跑跑吧。"

老人都发话了，我只能同意："我是怕他们俩去了给你们添麻烦。"

爷爷见我同意，高兴地说："有啥麻烦的？你要想他们，双休日可以回去看看。"

看着雀跃地跑回爷爷房间的孩子们，我也轻松地笑了。其实，每天劳累的我，也期盼着孩子能离开我几天，让我享受一下自由自在的日子。更重要的是，我知道孩子们的想法，他们是想体验一下，离开父母的视线，那是一种什么样的生活。

几天后我和爱人回老家去看他们，我们俩商量好，不告诉老人和孩子们，悄悄去看看他们。当我们俩拐过乡间小道，来到大院门口时，就听到孩子和奶奶嘻嘻哈哈的说笑声。

透过门缝，我看到院子里的地上铺了一大片席子，席子上堆满了玉米，奶奶跟前放着一个大笸箩，在教他们俩擦玉米粒。

他们俩穿着短裤，一个穿着不知是谁的大衬衣，袖子卷到小手肘处，显得手臂更加纤细；另一个穿着大坎肩，不时地用手把溜到肩膀的衣服往上提。

这时，就见子豪跑到席子边上，拿起一条小毛巾，给忙碌的奶奶擦去鬓角的汗水。

奶奶笑着嘱咐他们俩："去喝点水。"

"好！"子文应着，端起身后的水杯喝了几口，子豪凑过来也喝了几口，然后子文把水杯送到奶奶嘴边，"奶奶，您也喝。"

这是一幅非常有爱的乡村图，我和爱人相视一笑。

"怎么不进去？"我们背后传来孩子爷爷的声音，引起孩子们的注意。当看到是我们时，他们俩就像两只雀跃的鸟儿一样，嗖地飞到我们的身旁："爸爸，妈妈。"

一刹那，我突然感觉到我和孩子们的情感进一步升华了，虽然我们分开了仅仅一周的时间，但孩子们得到了他们想要的生活体验，品尝到了离开父母的生活是什么样子，也看到了想象中的农村是什么样子，了解到了农村孩子的生活是什么样子。

孩子离开父母，去探究他们未知的生活，而我们正是尊重了孩子的意愿，满足了他们的愿望，这短暂的分别拉近了孩子和我们的距离。

陪伴孩子成长，不是仅仅陪着他、守着他，而是要真正从心里去理解他、陪伴他。

关注孩子的认知欲望、理解孩子的情感需求、支持孩子的探索行为，这才是真正的陪伴，才能拉近亲子关系。

中学时期的子文、子豪，对有关自己的事都有了明确的认识，而且相当有主见。

我记得那是临近新年的一天，天气非常寒冷，我兴冲冲地买回来一件绿色的厚外套，满心以为他们会喜欢，可是子文说什么也不要，子豪也说不好看，穿上太笨重，非让我退掉。

我觉得他们要上晚自习，天气那么冷，穿厚点多暖和啊。可是任凭我怎么说，他们俩坚决不要。我也很生气，那天晚饭吃得很沉闷。

临睡觉前，我发现我的枕边多了一张字条，拿起来一看，是孩子们写给我的。大概内容是说明了一下，为什么不想穿新买的衣服以及他们现在的审美观，包括喜欢穿什么样的衣服、戴什么样的帽子。而且孩子们还很稚气地在字条的下方让我做出选择："A.同意打钩；B.不同意打叉。"并说明，即使我选择不同意，他们也不会不高兴，他们会遵从我的意见。

当时，我看着字条笑了，也惭愧地流下了眼泪。孩子们这是给我上了一堂课啊。我为什么不能静下心来，端一杯浓浓的热牛奶，坐在孩子们的床头，和他们好好沟通呢？

真正地爱孩子，就要去了解孩子、信任孩子、尊重孩子、鼓励支持孩子，只有这样，你才能跟孩子交朋友，才能够使母子感情融洽。

感情融洽了、浓厚了，一切问题都会迎刃而解。

当子文、子豪考入高中时，面对陌生的校园，面对来自各个初中的陌生面孔，面对落后的成绩，面对老师的质疑，他们的压力很大。

为了给他们减压，我晚上带他们到校园的操场上跑步。

我们什么也不说，只是跑步。围着操场跑了两圈，我就跑得满头大汗，我气喘吁吁地跟在孩子们的后面："你们俩跑吧，妈妈坚持着，估计你们跑两圈，妈妈也就能跑一圈。"

他们俩没有说话，只是点了点头，闷不作声地向前跑去。望着他们的背影，我知道，再多的话语都不如默默的陪伴。

回到家，他们冲了热水澡，换上干净的衣服，回到了自己的房间继续学习。我帮他们收拾好换洗的衣服，每个人的手边放了一杯浓浓的热牛奶就退了出来。

高中时期的孩子，心智日渐成熟，他有了自己独立的思想和个性，他如果想说，自然会找你倾诉；他如果不想说，就让他自己去消化。

你只要让他感受到，你一直在他的身边，给他一种信任和力量，这就足够了。

大学期间的子文、子豪，仍然上进、要强，在各自院系担当着不同的角色。

有一天晚上，我都已经休息了，突然接到子文打来的电话。

我一接电话，就听到子文哭诉的声音："妈妈，为什么他们要那样说我？这么多年，我一直都在努力，为什么还要污蔑我呢？"

我一骨碌坐起来，安抚着孩子："怎么回事？儿子你是很棒的，碰到什么问题了吗？"

"不说了，不说了。"子文含糊着。这时子豪接过了电话："妈妈，你放心吧，我在哥哥身边呢。"

我哪里放得下心啊？赶紧叫醒爱人，连夜赶到了孩子们的家。后来我们了解到，因为他们俩有了点小名气，网上就有了一些莫名其妙的流言蜚语。

子文喝了点酒，情绪受到连日的压力的影响，一下子宣泄出来了。

看着已经睡着了的子文，我很是心疼。

虽然他已经二十一岁了，但毕竟还是个孩子啊，过早的成功，也给年轻的他增加了平常孩子没有的压力。

我握了握子豪的手："你怎么样？"

"我还好。"子豪坚强地望着我，"其实哥哥今天是有活动才多喝了点酒，否则他也没事。"

我理解地点了点头，嘱咐子豪也早点儿休息，然后像他们中学时代那样，热了两杯牛奶，放在了他们的床头。

生活就是这样，不知什么时候你会经历什么考验，在所有困难面前，家人的理解和关爱是治愈一切问题的良药。

话不在多，入心则暖；情不在热，贴心最真。

跟孩子相处，就让一杯深夜的牛奶增加感情浓度吧。

第四部分

附录

后记一　双胞胎趣事记

　　子文、子豪小的时候，有一种老式的竹子手推车，我们就把两个孩子放在手推车上，一边坐一个孩子，中间用隔板隔开，停下来休息的时候，隔板上可以放水或零食，就像一个小课桌一样，虽然简陋，但很实用。

　　每天早晨，爷爷都会装上满满的两大杯水，带上手绢和手纸等用品以及一些水果和零食，推着他们俩就出发了。

　　早上九点多，他们伴着暖洋洋的阳光出发，围着半个小城走一圈，等到十一点多，顶着满头汗珠回来。

　　几乎每天，孩子的爷爷都会变换出行路线，有时带着孩子们去看火车，有时去逛公园，有时穿胡同，有时遛大街。

　　每次回来，孩子的爷爷最开心的就是给我们讲，这一路他们被人围观了几次，别人都是怎么夸赞他的孙子们的，全然不顾累得满头大汗，非常开心地笑着。

　　记得有一次有个老奶奶跟他说，这两个孩子大脑壳，长大了可不是一般的孩子，当时把他乐得好几天都合不拢嘴，连续几天去那个碰到老奶奶的地方，想再听她说说，但是再也没有碰到过。

　　而这两个孩子，我始终没有发现有什么与众不同的地方，唯一的感觉就是他们记忆力超好。家里的东西，无论跟他们有关还是无关，他们都能准确地说出存放的位置。

有的时候，我感觉他们俩始终在专心致志地玩玩具，根本没有关注我们家长的所作所为，等到我因为找某样东西急得团团转的时候，他们中的一个总会轻描淡写地说："妈妈，您找找某某地方。"

最为奇怪的是，我果然就在他们提示的位置找到了我要的东西。

我想，应该是他们在玩的时候，不经意地听到或看到了家长的言行，记住了某些事情，当发现妈妈因找不到东西着急的时候，就记起来了。

除了记忆力好，我没发现他们俩和其他小朋友有什么不同，甚至觉得比其他人家的男孩子更淘，每天在屋子里上蹿下跳，专挑不能走的地方。

比方说，他们要从卧室出来，不走门，而是从卧室的窗户爬出去，来到阳台上，然后绕到我们的卧室外，再从我们卧室的窗户爬进来，从我们卧室走出来。还有，两个人看电视的时候，从不好好地坐在沙发上，而是坐在沙发靠背上。

就连床底下、衣橱里，都是他们经常光顾的地方。

经常是我做好饭，叫他们吃饭时找不到人了。他们会悄无声息地躲在某个角落，等着我翻箱倒柜地找到他们。

有一次，我俯下身趴在床下找他们，一起身，两支冲锋枪架在我的身上，只听他们说："举起手来。"

两个淘气鬼常常把我逗得哭笑不得。

还有一次他们俩过生日，我给他们买了在当时的生活条件下比较奢侈的生日蛋糕，谁知子豪拿了分得的一块蛋糕，离开餐桌："我要给欢逗尝尝。"

欢逗是我们家养的一只小狗。

我当时一把没拽住他，着急地说："不行，不能给狗狗吃。"

看到他蹲在狗狗面前，我赶紧跟了过去，谁知刚蹲到他身边，他一转身，将蛋糕抹到了我的脸上。

子文这时也跑了过来，帮凶似的将手里的蛋糕全数抹在了我的脸上，然后两个人哈哈大笑："妈妈是个小花猫，妈妈是个小花猫。"给我气得不得了。

就是这么淘气的两个小东西，有好多次又莫名其妙地懂事，像了解大人的所愿一样。

他们刚刚会走路的时候，孩子的爷爷奶奶已经六十岁左右，白天看了一天的孩子，晚上就和邻居打打牌，放松放松。

有一天孩子的爷爷奶奶贪玩，打了一宿的麻将，而我们第二天都要上班，我很担心他们在那种状态下看不好孩子，也担心他们不能休息，再出什么状况。

结果我中午下班回来，孩子的爷爷奶奶很欣慰地说："这两个孩子好像知道我们累，竟然安静地睡了一上午，下次我们可不能再玩这么晚了。"

我以为孩子下午会闹觉，或者晚上肯定不睡了，谁知，他们像往常一样该午休午休，晚上照常到点入睡，全然没有任何变化。很奇怪吧？

有一次我生病了躺在床上，子文、子豪便跑前跑后地帮爸爸做家务。不一会儿，子文跑到我跟前，用小手摸摸我的脑门，再摸摸自己的脑门，然后学着我的样子，将额头抵在我的额头上，嘴里念叨着："妈妈快点好，妈妈快点好。"接着他拿了个小板凳坐在我的床前，端着一本图画故事书，边比画边讲给我听。

他说："给妈妈讲故事，妈妈就不难受了。"

子豪画了一幅线条画——中间是个女人，两只手一边牵着一个孩子，还用歪七扭八的文字和拼音写着"妈妈是个美人，岁月你别伤害她"，然后跑过来举到我的面前，嚷嚷着："妈妈不要生病啦。"看得我幸福满满，热泪盈眶。

他们俩从小其实很少生病，长这么大，子豪就没输过液，子文唯一一次输液，也就是做疝气手术那次。

当知道他有疝气的毛病后，同事告诉我一个偏方，用铜锅煎猪尿泡给孩子吃。

找不到铜锅，爷爷不知从哪借来一个铜锣，我每天到菜市场买一个猪尿泡，放在铜锣上煎，我盼望着这偏方能够管用，以免孩子遭受手术的痛苦。

这个猪尿泡连盐都不让放，可知有多难吃。

子文每次都乖乖地站在边上等着，看着他一口一口地咽下这没滋没味的东西，说实话，除了心疼，我都有些佩服这孩子了。

吃了好长一段时间，偏方还是没管用，最终子文还是需要手术治疗。

当小小的孩子被带到手术室的时候，他自己换上拖鞋，跟我说了句"妈妈我进去了"，就跟在医护人员的身后头也不回地走了进去。

那时的子文也就七岁，他那坚强刚毅的身影，至今都深深印在我的脑海中。

回到病房后，子豪一直安静地守护在哥哥身边，当子文从麻醉中醒来，他一改往日的调皮好动，轻轻地用小手抚摸着刚苏醒过来的子文的脸："哥哥，疼吗？"

子文摇了摇头，子豪竟信以为真，兴奋地仰头望向我："妈妈，哥哥不疼了。"

看着微微皱起眉头的子文，欣慰的泪水充盈了我的眼眶。

还有给我留下深刻记忆的那次，大概是他们三岁的时候，子豪从幼儿园回来有些发烧，晚上八点钟的时候，烧也不见退。

我们不敢再耽搁，怕他越烧越厉害，就和子文商量："你自己在家，先看会儿动画片行吗？我们带弟弟去医院。"

子文懂事地点点头。走的时候，我把子文放在沙发上，我记得子文有些蜷缩，估计是害怕吧，但是由于当时没有汽车，只能他爸爸骑车，我坐在后座上，抱着子豪去医院。

所以没办法，顾不上想太多，我们把电视打开，给沙发上的子文盖上毛毯，就匆匆带子豪去了医院。

我们回来时才发现，由于走得慌张，忘记了带家里的钥匙。我和他爸爸拍打着房门，呼唤着子文的名字，屋里却一点动静都没有。我们敲了半天，把邻居都敲出来了，门内仍然是一点动静都没有。

怎么办？！

他爸爸急得在楼下直转，突然想到从邻居家阳台穿过去的方法，他冒着危险，在众人一片惊讶声中爬了过去。

幸亏是夏末，纱窗没有上锁。他进屋打开灯，把门打开，我抱着子豪冲了进去，才发现子文安静地在沙发上睡着了。听到动静，子文睁开眼睛，迷迷糊糊地问了一句："弟弟好了吗？"

当时我的泪水唰地流了下来，好懂事的孩子，太让人心疼了。那以后，我再也不敢把他一个人锁在家里了。

平常他们俩都是形影不离，有一次，因为子文肠胃有点不适，他爸就只带着子豪回了老家，那一天子文郁郁寡欢，我以为就是身体不舒服呢。结果下午正在默默摆弄玩具的子文，突然兴奋地说："妈妈，爸爸和弟弟回来了。"然后他丢下玩具，兴高采烈地跑到门口，侧耳听着门外的动静。

我笑着招呼他："回来吧，爸爸他们天黑才会回来呢。"

他疑惑地往回走时，"砰砰砰……"外面传来了敲门声。

"弟弟回来啦，弟弟回来啦。"子文拍着小手在屋里欢快地蹦跳着。

我打开门，果真是。

子文得意地回头冲着我说："我就说弟弟回来了吧。"

我疑惑地望向领着子豪进门的爱人："你们不是要在老家吃晚饭吗？"

爱人无奈地说："子豪一直不开心，吵着要回来。"

看着开心地玩在一起的哥儿俩，我和爱人会心一笑，这哥儿俩是不能分开的了。

曾有"粉丝"问过，两个哥哥干过坏事吗？

其实男孩子哪有不淘的？比如他们曾把浴缸的水龙头开着，倒一袋洗衣粉进去，想整出一大缸泡泡，结果水从卫生间流到屋里，弄了个"水漫金山"。

比如他们把姥姥珍爱的手镯打碎了，悄悄地将碎片包起来，藏到姥姥的被褥下，害得老人一直以为镯子是被自己放在什么地方了，直到搬家才发现它早已支离破碎。

他们还会逮只小昆虫，放到前排女生的帽衫的帽子里，看到女生吓得大叫，他们再装作侠肝义胆，来个英雄救美。

更有甚者，初中的一个暑假，他们趁我们上班，每天毫无节制地上网打游戏，在我们下班回来前匆匆地关掉电脑，用电风扇给主机散热。月底，他们还用压岁钱偷偷交了超支的网费。直到多年后，他们自己交代，我们才知道这件事。

估计还有很多坏事，只是我们做家长的没有发现而已。

淘、折腾、惹事，是男孩子的天性。孩子淘气没关系，只要品性好就行，这个品性可是要靠从小就加以要求和约束来塑造的。

他们小时候，有一次我在做饭，他们俩在屋里玩。突然咣当一声，茶几上的花瓶掉下来碎了一地。

"谁弄的？"我边把他们俩拎到一边，收拾着地上的碎片，边问着。

"是哥哥。"

"是弟弟。"

两个人谁也不承认是自己的错误，互相推诿着。

推卸责任可是品性问题，那可不是简单的花瓶碎了的问题，我意识到问题的严重性，就没有继续做饭。

"你们俩好好想想，这个花瓶到底是谁摔碎的。"我认真地对他们俩说，"说谎可不是好孩子，这个习惯千万不能养成。而且，男子汉应该敢作敢当，今天咱们就要弄清楚这件事，弄不清楚妈妈陪你们不吃饭。"

我接着语重心长地说道："不怕犯错误、勇敢承认错误的孩子，才是妈妈的好孩子。"

这时，子豪拉了拉我的衣角，怯生生地说："妈妈，是我推了哥哥一下，把花瓶碰倒了……"

子文也凑了过来："是我抢了弟弟的玩具，他才推我的。"

看到哥儿俩都勇于承认错误，我欣慰地笑了。

还有一次，邻居家的孩子在院里练习骑自行车，正赶上放了学兴冲冲往家跑的子豪。在拐弯处，子豪和来不及刹车的孩子撞了个满怀。

"啊！"子豪惊叫了一声，捂着嘴倒在地上，自行车也应声倒地，那个练车的孩子跳到了一边。

看着血从子豪捂住嘴的手指缝里不停地流出来，那个练车的男孩吓坏了，丢了车转身就跑了。

子文大声喊我："妈妈，快下楼，子豪被撞了。"

我匆忙跑出来，看到的是满手都是血的子豪。我把他的手移开，我的妈呀，孩子的嘴肿得老高，不夸张地讲，像被蜜蜂蜇了一样。

"怎么回事，怎么回事？"那个孩子的妈妈也从楼上跑了下来，院子里立刻围了好多人。

"没事，阿姨，是我跑太快了，"子豪忍着疼，含糊地替那个练车的孩子开脱，"不怨子建哥哥。"

子建的妈妈感激地拉着子豪的手，不知所措地想抚又不敢抚子豪的脸："你看，都赖子建不注意，我一会儿找到他，非打他一顿不可。"然后又抱歉地跟我说，"子豪妈妈，你看要不带孩子去医院看看？"

我看到子豪流的血，虽然也心疼，但是我知道，应该鼓励孩子敢于担当："没事的，子建妈妈，我带子豪去门口的诊所处理一下就行。再说，也是子豪跑得太快了。"

我拉起孩子的手，带他到门口的诊所进行了处理，之后，鉴于他不娇气，勇于担当，我买了一个新笔袋奖励他。

这么淘气的他们，也有很多温暖的时刻。

他们小的时候，家庭轿车还不普及，更多的是人力三轮。那时候，他们的爸爸工作之余要做生意，接送孩子的事就基本靠我自己，我每次都是骑车带着一个往前走，让另一个自己走，等到了前面拐弯处，我再放下车上这个，让他继续往前走，我掉回车头去接后面的那一个。

就这样，我接力式地把孩子送到学校，每次都满头大汗。他们每次都会搂着我的脖子，帮我擦去额头的汗滴，并亲吻一下，再跑进校园。

这时候的温暖是任何艰难都不能阻挡的，我的心每每都会被孩子的亲吻融化。

到了冬天，他们身上的棉衣重了，书包里的书也多了，加上家境稍好些了，我就给他们雇了个人力三轮。

蹬三轮的是个四十多岁的大姐，有一次，大姐有些感冒，不停地咳嗽，子文、子豪见状，把自己脖子上的围巾给大姐围上，让大姐赶紧回家休息，然后两个人手拉手自己走回了家。

大姐接送他们俩近两年的时间，后来三轮车被取缔，她还经常去学校看子文、子豪，她说这哥儿俩是她见过的最懂事的孩子。

我家旁边单元楼有个张爷爷，八十多岁，儿女都不在身边，他家在一楼，临马路开了一个小侧门。

张爷爷每天都会挂着拐杖，坐在门口的大树下，看人来人往。

子文、子豪每天一放学，都会围着张爷爷蹦跳一会儿："张爷爷、张爷爷，今天给我们讲什么故事啊？"

张爷爷也似乎每天都盼望着这一时刻，他开心地笑着："哎，今天咱们接着昨天的故事讲。"

也不知张爷爷的故事是编的还是真的，反正他每天都会讲那么一小段，到最后都会说："好了，今天就讲到这儿，咱明儿再继续。"然后他拿起拐杖，拍拍他们的屁股，"快去帮爷爷拿报纸。"

他们俩会一溜烟地跑到单元楼门口，到信箱里把张爷爷的报纸取来，这时候，张爷爷似乎心满意足了，在他们俩的搀扶下，美滋滋地回屋去了。

中学时期，子文、子豪的叛逆并不明显，我感受到的变化，就是不知从何时开始，他们开始关门了，似乎有了自己的隐私，不再什么都跟我说、都给我看了。

有时，我一推开他们的房门，他们会立刻有些躲躲藏藏的举动。

我很尊重他们的这种变化，我知道孩子大了。

虽然日渐长大的孩子会和父母产生一种距离，但是我往往忽略这种距离感，装作什么都没有感觉到的样子，仍把他们当不懂事的孩子来呵护。

两个孩子在初中就已经长到一米六的大个子，我仍然时不时地把他们横抱怀中。当我抱着这个，那个就会腻歪过来，把这个拉出我的怀抱，那个就会独占我的怀抱。

我们母子间的这种亲情一直是我们沟通的纽带，我经常会趁着和他们打闹的机会，探听他们的思想，和他们交流对事情的处理态度和方式。

就拿"早恋"这个问题来说，很多家长都回避提到这两个字眼，但我不这么看。

我有的时候会在和孩子打闹的时候逗他们："我儿子这么帅，会不会有好多女生喜欢啊？"

有的时候，我给他们买件新衣服，看着穿衣镜里的懵懂少年，我也会打趣地说："儿子们这么帅，该有女孩子追了。"

现在想想，自己那时候的做法"不厚道"，因为我是利用了孩子们的轻敌，趁他们没那么戒备时，摸孩子的底细。

而他们也傻傻地入了我的圈套，基本上我能掌握他们对爱情朦胧的认识。他们说："妈妈，我们班同学有搞对象的了。"

"你怎么看这个问题？"我边给他们整理衣服，边若无其事地问。

"我不会搞对象，搞对象是将来到大学再做的事。"他们像是在给我吃定心丸，又像是给自己打气，"现在，我要向中考冲击。"

"呵，可以啊。"我轻揉一下他的脑袋瓜，夸赞地说，"还真知道孰轻孰重。"

"那是。"他自豪地挺了挺胸脯，狡黠一笑，"我聪明着呢。"

哈哈哈，就这样，孩子的想法被我掌握了。只要把孩子的思想把控好了，学习方面，我就更放心了。

中考前夕，有一天晚上我看到他们的卧室还亮着灯，没像往常那样闭灯休息。

我悄悄推门一看，见子文坐在桌前写着习题，而子豪却跪在地上，下巴顶在桌子上，睡眼蒙眬地看着书。

"你们怎么还不睡？"我说着走进去，冲着快睡着的子豪说，"你为什么跪在地上，不坐椅子啊？要是困就睡觉去吧……"

"不行。"子文一本正经地打断我。

"妈妈，哥哥不让我睡觉。"子豪委屈地告状。

子文一扭头，冲着子豪问："你想睡觉是吗？"

子豪激灵了一下，立刻清醒了："不睡，不睡。"随即他不再瞌睡，不再告状，认真地看起书来。

我知道他们有自己的理想，想在中考前奋力一搏，向中考第一名冲击。我虽然心疼，但不再多说，轻轻地给他们倒满两杯水，退出了他们的房间。

子文、子豪常常跟我说，我们的家庭很特别，孩子和父母的相处很轻松，让他们没有距离感，是他们好多同学都羡慕的家庭氛围。

他们中学时期没有明显的叛逆期，应该是和家庭氛围有很大关系。其实这种温和的家庭关系，让孩子既懂事又幼稚。

拿生病来说，子文有点小毛病都特别能忍，皱着眉不吭声；子豪如果有了病，会不停地喊叫，自己宠着自己。

他们从小就肠胃不好，经常腹痛，子豪每次都让我帮他揉，揉着揉着他就会睡着。

子文总是默不作声，疼也不说，我强行给他揉一会儿，他就会让我去休息，说不疼了。

这时候，子豪就会劝哥哥："哥哥，你让妈妈揉吧，你快点好，妈妈就不累了。"是不是又懂事又幼稚?

但他们的幼稚中，又有很多执着，有对认定的事的向往和笃定。

高中分文理班后，他俩都分在了文科实验班，但分班成绩他俩排名比较靠后。

由于当时同学们都互相不熟悉，老师对学生也不了解，对于班干部的选拔，老师采取了自荐的方式，也从另一个角度，想了解一下学生对班集体的热爱程度。

我从他俩的交谈中，得知他俩什么职务都没有报，放弃了自荐班干部的机会。

"可是，当班干部会提高你们的组织能力啊。"我极力劝说他们。子文一本正经地回答我："在初中，我们俩分别是两个班级的班长，在领导力方面都得到了锻炼。但是现在不一样了，我们的成绩在班里很差，和同学们有差距。"他咽了下口水继续说，"我们如果不先把成绩提上去，怎么去管别人、帮助别人呢?"

子豪认同地在一旁点着头："妈妈，我们俩努力学习，追上同学们，再去竞争班干部，这次毕竟是预选，老师说过一段时间会正式评选，到时候我们俩再争取。"

我这时才发现孩子们真的成长了，他们能用自己的意识去支配自己的行为，并为自己的人生规划出一个方向了。

我怕老师由于他俩不积极参与竞选而对他俩产生误会，就悄悄到学校去跟老师做了沟通，得到了班主任的理解。

后来他们在成绩很快提升上去后，积极主动地参与了班干部的正式竞选，并担任了不同的职务。

他们俩刚刚考上北大的时候，子文跟我说："妈妈，我想趁着还没有开学，写本关于高考的书，把我们这几年学习中积累的经验写出来，给明年、后年高考的学弟学妹们一个借鉴。"

我当时想，一个没有任何背景和名气的孩子，不过是刚刚被高校录取，想出版书，那不是天方夜谭吗？

"你要写书，谁会给你出版呢？"我疑惑地说。

"总会有办法的。"子文坚定地说。

后来，他还真凭自己的这股韧劲，联系上了出版社。

写书阶段，正是他们俩被北大录取，还未正式入学的闲暇时期。他们经历了艰苦的高考奋战，本应该好好放松自己，"挥霍"一下难得的光阴，却又被"责任"所缚，继续埋头在书桌前。

当时是夏天，子豪的腿让哥哥给弄得伤痕累累。

那是因为他们俩在家想去帮我买菜，就骑上邻居叔叔家的三轮，子豪坐在后面，腿耷拉在车帮外。

市场里很乱，孩子们也没有经验，只想着能帮妈妈做点事，很是开心。

结果斜对面驶过来一辆三轮，子文一个躲闪，虽然两辆三轮成功错开了车前身，车后身却擦在了一起，子豪的腿正放在车帮外，整个大腿外侧，从上到下全被擦出了血迹。

子豪大叫一声，疼得眼泪直流。子文吓得不知所措，眼泪也一下子流了下来。

在一群人的帮助下，他们被送到医院。等我赶回家中，两个人已经若无其事了。

子豪自嘲地说："这回只能老老实实在家写书了，腿这样，哪儿也去不了了。"

子文带着歉意应和着："嗯，弟弟，我给你端水上药伺候你。"

看着他们俩这么默契，我只能默默心疼了。

那个暑假，他们俩关在书房里不停地忙碌，偶尔看到子文出来进去照顾弟弟一下，再就是听到他们俩探讨书稿的声音。

经过一年的筹备，《愿我的世界总有你二分之一》终于出版了。

孩子们出版第一本书，完全是靠自己，我作为家长没出任何一点力，但也就从他们的第一本书出版开始，我觉得从孩子们身上看到了一种力量，一种成长的力量。

他们不再是父母羽翼下的雏鸟，躲在父母的身后看世界，他们已经站在了我们的身旁，和我们一起去经历风雨，共赴彩虹。

开学前，他们接到第一份合作合同，那是一个手机运营商的平面广告，需要应届学生的形象。

当时对商业广告一窍不通的我，着实为这事纠结了半天。

一万元的广告费，对于要进校门的他们来说，也是不小的诱惑，有了这笔钱，他们俩一年的学费就可以不用父母提供了。

这可是自食其力的好开端啊，但是万一是个骗局怎么办？对方提供的拍摄地址，是个较偏僻的私人会所，我不能让孩子去冒险。

"这笔钱我们不挣了，还是踏踏实实的好。"我把我的观点亮出来，却遭到了孩子们的否定。

他们不相信世界上有那么多黑暗，执意要赚这"第一桶金"。

"而且我是哥哥，我去。"子文坚定地说。

看着子文，我突然想起来，他们中学的时候，有一次我和他爸爸都加班，回来得晚，他们两个自己骑车回家。

当子文刚刚上到四楼，就见走在前面的子豪突然惊慌地从五楼跑下来："有坏人。"

他边嚷着边慌张地往楼下飞奔，根本没考虑到紧跟在身后的哥哥。子文也匆忙地跟着往下跑，虽然楼上并没有人跟下来，但是两个人都吓得不敢再上楼，一直等到我们回来。

子文见到我，边描述情况，边跟在我的身后上楼："弟弟走到五楼，看到咱家门开着，以为有坏人，吓得掉头就跑，他只顾自己逃命，跑到楼梯口，也不说把门开着点，咣的一声自己跑出去，把我丢在了楼里，如果真有坏人，这时候追下来，还不正好把我逮住。"

子文惊魂未定地跟我叙述着，子豪这才意识到自己的慌乱，竟然没有顾虑到哥哥。他赶紧在后面扽了扽哥哥的衣服，不好意思地道歉："哥哥，我没想那么多。"

我们上了楼才发现，房门虚掩着，里面静悄悄的，一点动静都没有。我仔细查看了一下，确认没事儿，才把孩子们叫上楼来。估计是早晨忘记锁门了，房门一直开着。子豪看到房门开着，以为有坏人进屋了，所以才吓得只管逃命。

那次虽然是虚惊一场，但毕竟有我在身边。

这次可不一样，这次需要孩子自己一个人去。我想，子文肯定也是想到了子豪那次的慌乱，才勇敢地把危险承担下来。

看着孩子的坚持，我点头同意了。

私下里我把猜想到的危险全都过了一遍脑子，并制订了一系列的方案——让孩子带着手机进场，并将手机保持在通话状态，这样我们就能随时了解里面的情况，万一有危险，我们也好第一时间冲进去营救。

我告诉他一进去就要冷静地观察好地形，如有不测，可以尽快逃离；进去后，尽量离人远一点，保持距离，让人不能一把抓住。

一路上我把设想好的方案不停地讲给子文，子文微笑着握了一下我的手，非常镇定地跟我说："妈妈你就放心吧，没有那么多坏人的。"

现在想起来，那时候我们做家长的也很好笑，竟然不如一个孩子镇静和坦荡。所以说，养育孩子是孩子成长的过程，也是家长成长的过程。当孩子羽翼丰满的时候，是孩子带着家长一同飞翔。

2013年8月，子文、子豪和同学们一起，参加了北大新生军训。

在军营里，身为班长的他们关心集体，照顾同学，得到了大家的喜爱。由于生活和工作的紧张，子文发起了高烧，39.8℃，他不让子豪告诉我们，在我们通电话的时候，装作一切都很正常的样子。

夜晚，只有子豪守在他的身边，一会儿帮他揉肩搓背，一会儿帮他按摩胳膊和腿，并打来热水，给他热敷脑门，还抱了自己的被子盖在哥哥身上，让他发汗退烧。

第二天，子文坚持着，以饱满的热情主持了两场新生阅兵仪式。

2013年12月16日，作为北京大学学生会体育部部长的子豪，带领部员，经过紧张的组织和筹备，成功举办了第二届北京大学"体育之夜"大型活动。

我是在他17号发布的微博中，看到他的付出的：

"此刻嗓子疼得说不出话，这么多天每天吃一顿饭，睡不到六小时觉的日子就这样结束了，突然觉得明天早上起来没有任务做有些不习惯。两个月的准备，两千人的观众厅……

"不知道今天收获了多少祝贺和慰问，都一一谢过。心怀感恩，难以平复……

"当我被学弟、学妹们举起的那一刻，我觉得我是最幸福的人。我也要谢谢我自己，一个二十岁的男孩子，他想把'体育之夜'这一大型活动办好，至少不要砸在自己手里，我做到了……"

看着孩子那真挚的语言，我的泪水随着他的言辞流淌，我似乎看到了那个忙碌的身影，那个积极的热血青年，他在用自己的行动谱写着青春的乐章。

我流下的是幸福的泪水，是看到他们成长的欣慰的泪水。

现在的子文、子豪已经成为能独当一面的青年，对生活和事业的追求使得他们很长一段时间不能和我们在一起，我们想他们了，就给他们打个电话。

他们要是有工作或生活上的疑惑，也会征求我们的意见。不过，这种交流现在越来越少了，他们现在对我们更多的是生活上的问候。

我总跟朋友说，男孩子就像雄鹰一样，能飞多高就让他飞多高，能走多远就让他走多远。

现在，我真的感觉孩子走得很远的时候，竟然有那么一点点失落，突然很怀念他们小的时候和读书时候的样子。

每当我打扫他们的房间，抚摸着他们放满图书的写字台，眼前就常常浮现出他们在灯下学习的样子，他们嬉笑打闹的身影。

有时我想，如果能重新来一次，那该是多么幸福的事情。

所以我经常跟身边的年轻妈妈们说："别看你们现在感觉带孩子很辛苦，好好享受吧！孩子的成长只有一次，等到孩子大了，羽翼丰满离开你的时候，你再想陪着他一起成长，那已经不可能了，所以好好珍惜和孩子在一起的时光吧。"

后记二　孩子不是你生命的全部

　　我从小就是一个非常喜欢孩子的人，原以为，当我有了自己的孩子，我会非常宠爱他，把他当成我生命的全部。

　　其实不然，当我有了自己的小家庭，我爱我的爱人，爱双方的父母，爱我们共同的朋友。

　　虽然我最爱的是我们的孩子，但是我发现，对孩子的爱，其实只是你生命的一部分。

　　从孩子在你的身体里诞生的那一天起，你的身份就完成了一次转换，从此身上多了一份责任、一份担当，还有爱。

　　像所有的妈妈一样，孩子是我生命中最重要的部分，如果我的孩子遇到危险，我会毫不犹豫地为他们献出我的生命。

　　但这种危机时刻太少了，我们大多数时间，都是在平凡中安静地度过。

　　从孩子呱呱坠地、牙牙学语、蹒跚学步，到十年寒窗、考取大学，我们始终是他们最坚强的支撑和陪伴。

　　就因为他的身上流淌着我们的血液，所以我们有责任在他幼小的时候去保护他，在他童年的时候引导他，在他少年的时候理解他，在他成

年的时候放飞他。在他展翅翱翔的时候，你能做的就是在远远的地方欣
赏他，为他祈祷和祝福。

因为他也渴望自由，渴望无拘无束地成长。当然，在成长的过程
中，他或许会遇到很多困难，我们只是在恰当的时机，用有效的方法，
帮助他战胜困难，鼓励他勇敢地继续前行。

要知道，我们和孩子是关系平等的独立个体，如果你事无巨细地把
孩子的一切看成是自己的所有，无时无刻不把心思全放在孩子的身上，
那样你累，孩子会更累，尤其是孩子处在青春期的时候，他会更加想要
摆脱你、逃离你。

从这个意义上讲，孩子也不是我们生命的全部。

我的一位邻居跟我说，我的一些做法曾经让他不能理解，现在孩子
们长大成人了，他越来越觉得当时的我非常睿智。

他说，印象特深的一次是天下着蒙蒙细雨，他在厨房做饭，正看到我
家车停在雨中。只见我从副驾驶出来，撑开一把伞，走到车的左侧，我爱
人从车上下来，我们俩撑着伞往家走，这时车的两侧后车门开了，子文、
子豪从车上下来，用小手挡在头上，颠颠地跟在我们身后跑回家中。当时
他特别不理解，我为什么不给孩子撑伞，而是给爱人撑伞。

我笑着问他："现在明白了吗？"

他点着头，冲着我伸出大拇指："我到五十岁才理解你的做法。"

也许那时我就明白，孩子再亲，终归有慢慢长大、展翅飞走的一
天，你不可能一辈子为他遮风挡雨，孩子只能陪你一程，而伴侣才能与
你相濡以沫，陪伴你终生。

还有那些生活在我周边的朋友，他们在孩子成长的历程中，也扮演着重要的角色。

除了父母亲人，这些没有血缘关系的人，为他们付出过不同形式的关爱：靳姨免费让我们住房子、海玲姑姑给他们买新衣服、燕姨送给他们精美的文具、媛媛阿姨给他们织毛衣……

所有对我们有过帮助的人和事，我都会经常和孩子提起，他们从小感受的就是人间的温情和世间的美好，也一直把这些人和事深深地记在心里。

这些人不仅仅给予了关爱和帮助，而且教会了孩子心存善念、胸怀感恩、用温情去面对这个世界。

这样的人，难道不值得记住吗？难道不值得我们去爱吗？

我这个人有个习惯，一个人在家里待不住，有时间就想往外跑，要不就是约上三五好友，打牌娱乐，再不就是隔段时间就出去疯两天，哪怕就近去趟北京，爬爬山、聚聚餐，放松放松。

儿子们有时候也总说我："妈妈，你怎么这么不安静？"

我想，孩子可能都希望自己的妈妈是一个温柔贤淑的高雅女性。其实贪玩归贪玩，我会拎清事情的缓急轻重，真当遇到事情，自我绝对是第二位的，不会因为贪玩耽误正事，尤其是孩子的事情。

有的朋友总夸我命好，那么贪玩还把孩子带得那么优秀。

其实，我只不过是没有完全丢弃自我，没有将自己的所有，全部倾注在孩子身上而已。

我也是起早贪黑勤奋地工作。有一次我因一心想着工作的细节，竟然骑着自行车上了机动车道，惹得路过的汽车全都鸣笛，我当时还纳闷呢："怎么今天的汽车都爱摁喇叭啊？"

我也曾热衷助人为乐。有个腿脚不便的邻居，我经常帮她买菜，做点好吃的就要送一份给她尝尝，直到我搬家离开了那里，她还经常给我打电话说想我。

我更会明目张胆地贪玩耍赖，扔下孩子在家，和朋友一起去郊游；待孩子睡下，跑到朋友家去打牌；从孩子上初中开始，我经常赖床不起，让孩子自己解决早餐问题……

这些不管是正面还是反面的事例，都在证明我家孩子是"散养"大的，似乎我没有费力气就有了两个这么优秀的孩子。

实际上，哪有天上掉馅饼的好事？"散养"也好，不是我生命的全部也罢，无非是我的付出换来的结果。

有谁知道，为了他们能安宁地睡着，我给他们扇扇子，结果坐着睡到半夜？有谁知道，为了给他们创造整洁的环境，我的手和腰都过早地落下了疾病？有谁知道，为了让他们没有自卑感，我从不吝惜给他们买东西，自己却五年未添过一件新衣？

很多很多的付出，都体现在不为人知的细微之处，这或许就是母爱的伟大之处。

所幸，在陪他们长大的过程中，我不单单爱他们，我还爱着所有爱我的人。

我的爱得到了回报。我得到了父母、家人的疼爱，得到了同事、领导的关爱，得到了同学、朋友的友爱。

　　感谢二十年来孩子给予我的陪伴，这是他们成长的二十年，也是他们人生最重要和最关键的二十年，更是我生命中最为珍贵的二十年。

　　以后的路还很长，作为父母的我们帮不了孩子太多，那就让我们活好自己，静静地守在孩子身后，看着他们用自己的善良、勇敢、坚毅、刚强直面人生，如雄鹰般在山峰之巅翱翔。

日常点滴

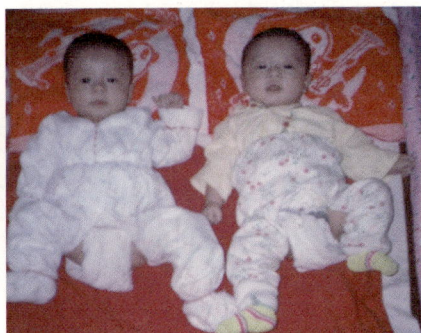

◇婴儿时期的苑子文、苑子豪

◇半岁左右，兄弟俩和妈妈、姨妈在家的合影

◇婴童时期的兄弟俩和奶奶、外婆的合影

◇童年时期的苑子文、苑子豪

◇童年时期的兄弟俩和父亲游船

◇童年时期，兄弟俩在公园的合影

◇童年时期，兄弟俩在海洋馆的合影

◇幼儿园内，兄弟俩的合影

◇俩兄弟在农村和小伙伴的合影

◇童年时期，兄弟俩在农村玩耍

◇冬天，兄弟俩堆雪人

◇童年时期，兄弟俩和家人之间的旅游合影

◇兄弟俩孩童时期的绘画作品

◇学生时期，兄弟俩和家人的旅游合影

2007.02.13 11:35

◇学生时期的兄弟俩

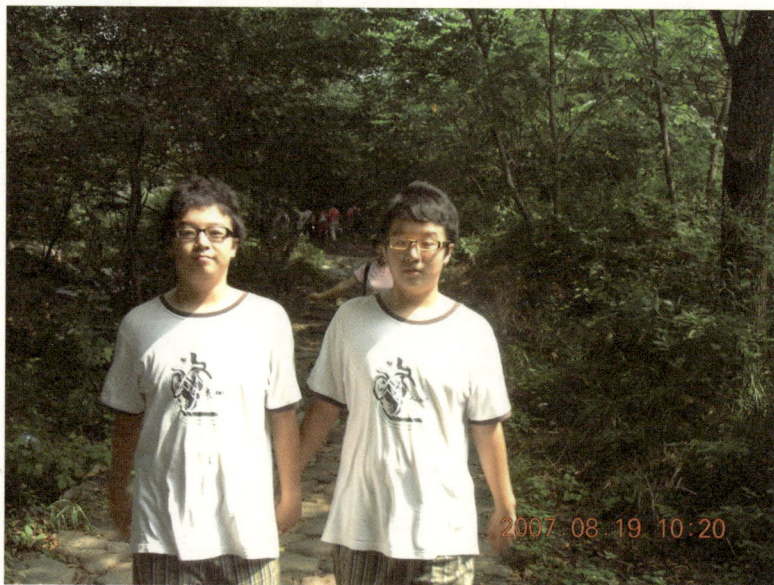

2007 08 19 10:20

◇学生时期，兄弟俩在海边游玩

◇学生时期，兄弟俩的旅游合影

◇学生时期兄弟俩的合影

◇兄弟俩在父亲节给爸爸做的感恩PPT

◇高考时，贴满知识点的墙面

◇苑子豪手写的激励自己考入北大的字帖

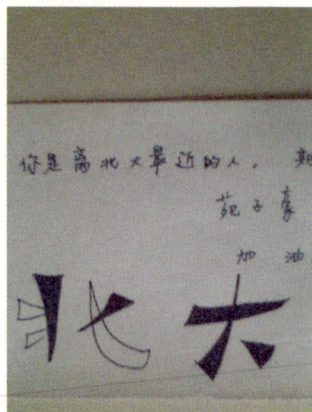

◇学生时期，兄弟俩的奖状和荣誉证书

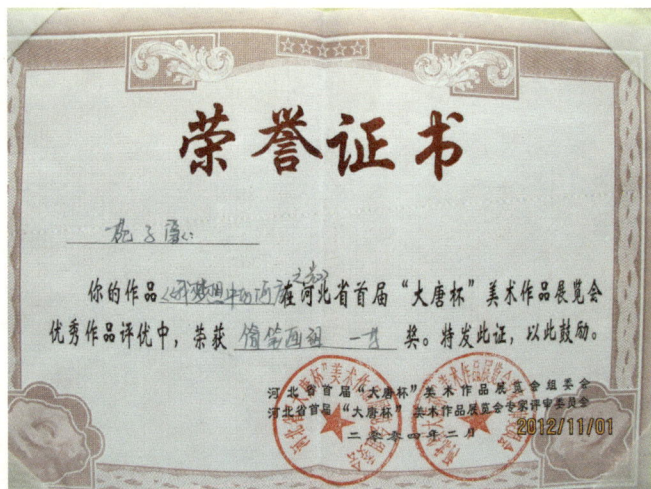

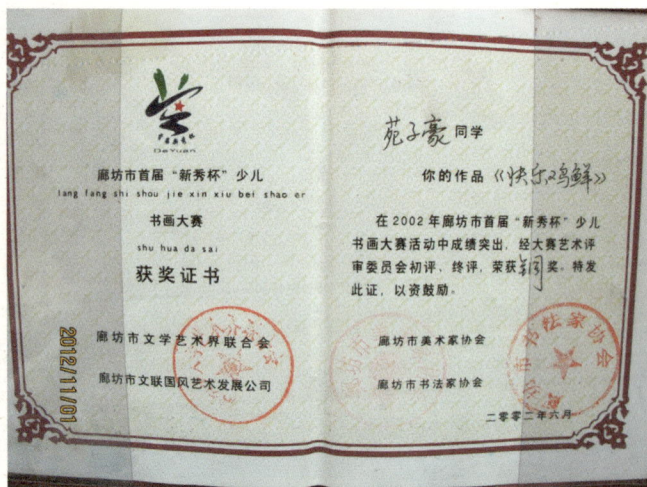

◇苑子文、苑子豪第一本书上市后成为作家，2016年获奖

◇兄弟俩日常生活剪影

◇兄弟俩用赚到的稿费请家人一起去旅游

◇兄弟俩和母亲的合影

◇兄弟俩和父亲的合影

◇大学校园里，兄弟俩的留影

◇大学毕业，兄弟俩的学士服留影

◇逐渐成熟的兄弟俩